Made in the USA
Middletown, DE
04 August 2023

35775194R00073

MW01284990

תלמוד לתלמיד

A WORKBOOK FOR THE TALMUD STUDENT

מסכת קידושין

סוף פרק ראשון

כתה: ________________

שם: _________________

This playlist includes videos that read and explain the basic text of the Talmud in this curriculum on Masekhet Kiddushin. Links to individual videos for each unit appear below as well.

OUPRESS

schiowitzk@gmail.com

Rabbi Schiowitz is the rabbi of Congregation Shaare Tefillah of Teaneck and is Chair of the Talmud Department at the Ramaz Upper School

<u>מסכת קידושין דף כט.</u> שורות 12-21

1	מתני'		
2	כל		
3	מצות		
4	הבן		
5	על		
6	האב		
7	אנשים		
*8	חייבין		
9	ונשים		
*10	פטורות		
11	וכל		
12	מצות		
13	האב		
14	על		
15	הבן		
*16	אחד		
17	אנשים		
*18	ואחד		
19	נשים		
20	חייבין		
21	וכל		
22	מצות		
23	עשה		
24	שהזמן		
*25	גרמא		
26	אנשים		
27	חייבין		
28	ונשים		

29	פטורות		
30	וכל		
31	מצות		
32	עשה		
33	שלא		
34	הזמן		
35	גרמא		
36	אחד		
37	האנשים		
38	ואחד		
39	הנשים		
40	חייבין		
41	וכל		
42	מצות		
43	לא		
44	תעשה		
45	בין		
46	שהזמן		
47	גרמא		
48	בין		
49	שלא		
50	הזמן		
51	גרמא		
52	אחד		
53	האנשים		
54	ואחד		
55	הנשים		
56	חייבין		
57*	חוץ		

*58	מבל		
*59	תקיף		
60	ובל		
*61	תשחית		
62	ובל		
*63	תטמא		
64	למתים		

מצות תלמוד תורה: הוא ללמוד ובנו ללמוד

<u>מסכת קידושין דף כט:</u> שורות 31-39

1	תנו		
2	רבנן		
3	הוא		
4	ללמוד		
5	ובנו		
6*	ללמוד		
7	הוא		
8	קודם		
9	לבנו		
10	רבי		
11	יהודה		
12	אומר		
13	אם		
14	בנו		
15*	זריז		
16*	וממולח		
17	ותלמודו		
18*	מתקיים		
19	בידו		
20	בנו		
21	קודמו		
22*	כי		
23	הא		
24	דרב		
25	יעקב		
26	בריה		
27	דרב		

28	אחא	
29	בר	
30	יעקב	
*31	שדריה	
32	אבוה	
33	לקמיה	
34	דאביי	
35	כי	
*36	אתא	
*37	חזייה	
38	דלא	
39	הוה	
*40	מיחדדין	
*41	שמעתיה	
42	אמר	
43	ליה	
*44	אנא	
*45	עדיפא	
46	מינך	
*47	תוב	
48	את	
*49	דאיזיל	
50	אנא	
51	שמע	
52	אביי	
53	דקא	
54	הוה	
55	אתי	
56	הוה	

57	ההוא	
58	מזיק	
59	בי	
60	רבנן	
61	דאביי	
62	דכי	
63	הוו	
*64	עיילי	
*65	בתרין	
66	אפילו	
*67	ביממא	
68	הוו	
69	מיתזקי	
70	אמר	
71	להו	
72	לא	
73	ליתיב	
74	ליה	
75	אינש	
*76	אושפיזא	
77	אפשר	
78	דמתרחיש	
*79	ניסא	
80	על	
81	בת	
82	בההוא	
83	בי	
84	רבנן	
*85	אידמי	

86	ליה		
87	כתנינא		
88	דשבעה		
89	רישוותיה		
90	כל		
*91	כריעה		
92	דכרע		
93	נתר		
94	חד		
95	רישיה		
96	אמר		
97	להו		
98	למחר		
99	אי		
100	לא		
101	איתרחיש		
102	ניסא		
103	סכינתין		

מצות תלמוד תורה – "הוא ללמוד ובנו ללמוד"

קידושין דף כט:

The Rabbis taught: If there is an opportunity for either the father or the son to learn Torah, then the father takes precedence over his son.	תנו רבנן: הוא ללמוד ובנו ללמוד - הוא קודם לבנו.
Rabbi Yehuda says: If his son is fast and sharp and can retain his learning, then his son takes precedence over him.	ר' יהודה אומר: אם בנו זריז וממולח ותלמודו מתקיים בידו - בנו קודמו.
Just as in the case of R. Yaakov, the son of Rav Acha bar Yaakov.	כי הא דרב יעקב בריה דרב אחא בר יעקב:
His father (Rav Acha) sent him to learn before (in the academy of) Abaye.	שדריה אבוה לקמיה דאביי.
When R. Yaakov came home, his father saw that his learning was not sharp.	כי אתא, חזייה דלא הוה מיחדדין שמעתיה.
His father said to him: "I am better than you. You stay so that I will go."	אמר ליה: אנא עדיפא מינך. תוב את, דאיזיל אנא.
Abaye heard that Rav Acha was coming.	שמע אביי דקא הוה אתי.
There was a certain *mazik* in Abaye's *beit midrash*, so that when they would enter in pairs, even in daytime, they would suffer harm.	הוה ההוא מזיק בי רבנן דאביי, דכי הוו עיילי בתרין, אפילו ביממא, הוו מיתזקי.
Abaye said to them: "Let no one offer him (Rav Acha) lodging. Perhaps a miracle will occur."	אמר להו: לא ליתיב ליה אינש אושפיזא, אפשר דמתרחיש ניסא.
Rav Acha entered and slept in the *beit midrash*.	על בת בההוא בי רבנן.
The *mazik* appeared to him as a serpent (crocodile) with seven heads.	אידמי ליה כתנינא דשבעה רישוותיה.
With every bow that Rav Acha bowed, one head fell off.	כל כריעה דכרע - נתר חד רישיה.
Rav Acha said to them the next day: "Had a miracle not occurred, you would have endangered me.	אמר להו למחר: אי לא איתרחיש ניסא - סכינתין.

מצות תלמוד תורה: עד היכן

<u>מסכת קידושין דף ל.</u> מתחיל בשורה 8

*1	עד	
*2	היכן	
*3	חייב	
*4	אדם	
*5	ללמד	
6	את	
7	בנו	
8	תורה	
9	אמר	
10	רב	
11	יהודה	
12	אמר	
13	שמואל	
*14	כגון	
15	זבולון	
16	בן	
17	דן	
*18	שלימדו	
19	אבי	
20	אביו	
*21	מקרא	
*22	ומשנה	
*23	ותלמוד	
*24	הלכות	
*25	ואגדות	

*26	מיתיבי	
27	למדו	
28	מקרא	
29	אין	
30	מלמדו	
31	משנה	
32	ואמר	
33	רבא	
34	מקרא	
35	זו	
36	תורה	
37	כזבולון	
38	בן	
39	דן	
40	ולא	
41	כזבולון	
42	בן	
43	דן	
44	כזבולון	
45	בן	
46	דן	
47	שלמדו	
48	אבי	
49	אביו	
50	ולא	
51	כזבולון	
52	בן	
53	דן	
54	דאילו	

55*	התם	
56	מקרא	
57	משנה	
58	ותלמוד	
59	הלכות	
60	ואגדות	
61	ואילו	
62*	הכא	
63	מקרא	
64*	לבד	
65	ואבי	
66	אביו	
67*	מי	
68	מיחייב	
69*	והתניא	
70	ולמדתם	
71	אותם	
72	את	
73	בניכם	
74	ולא	
75	בני	
76	בניכם	
77	ומה	
78	אני	
79	מקיים	
80*	והודעתם	
81	לבניך	
82	ולבני	
83	בניך	

84	לומר	
85	לך	
86	שכל	
87	המלמד	
88	את	
89	בנו	
90	תורה	
91	מעלה	
92	עליו	
93	הכתוב	
94*	כאילו	
95	למדו	
96	לו	
97	ולבנו	
98	ולבן	
99	בנו	
100	עד	
101	סוף	
102	כל	
103*	הדורות	
104	הוא	
105	דאמר	
106	כי	
107	האי	
108*	תנא	
109*	דתניא	
110	ולמדתם	
111	אותם	
112	את	

113	בניכם	
114*	אין	
115*	לי	
116*	אלא	
117	בניכם	
118	בני	
119	בניכם	
120*	מנין	
121	ת"ל	
122	והודעתם	
123	לבניך	
124	ולבני	
125	בניך	
126*	א"כ	
127	מה	
128	ת"ל	
129	בניכם	
130	בניכם	
131	ולא	
132	בנותיכם	
133	אמר	
134	ריב"ל	
135	כל	
136	המלמד	
137	את	
138	בן	
139	בנו	
140	תורה	
141	מעלה	

142	עליו	
143	הכתוב	
144	כאילו	
145	קבלה	
146	מהר	
147	סיני	
148	שנאמר	
149	והודעתם	
150	לבניך	
151	ולבני	
152	בניך	
153*	וסמיך	
154	ליה	
155	יום	
156	אשר	
157	עמדת	
158	לפני	
159	ה'	
160	אלהיך	
161	בחורב	
162	רבי	
163	חייא	
164	בר	
165	אבא	
166	אשכחיה	
167	לריב"ל	
168	דשדי	
169	דיסנא	
170	ארישיה	

171	וקא	
172	ממטי	
173	ליה	
174	לינוקא	
175	לבי	
176*	כנישתא	
177	א"ל	
178*	מאי	
179	כולי	
180*	האי	
181	א"ל	
182	מי	
183*	זוטר	
184	מאי	
185	דכתיב	
186	והודעתם	
187	לבניך	
188	וסמיך	
189	ליה	
190	יום	
191	אשר	
192	עמדת	
193	לפני	
194	ה'	
195	אלהיך	
196	בחורב	
197	מכאן	
198	ואילך	
199	רבי	

200	חייא		
201	בר		
202	אבא		
203	לא		
204	טעים		
205	אומצא		
206	עד		
207	דמקרי		
208	לינוקא		
209	ומוספיה		
210	רבה		
211	בר		
212	רב		
213	הונא		
214	לא		
215*	טעים		
216	אומצא		
217	עד		
218	דמייתי		
219	לינוקא		
220	לבית		
221	מדרשא		

<u>**דברים פרק ד, ט-י**</u>

(ט) רַק הִשָּׁמֶר לְךָ וּשְׁמֹר נַפְשְׁךָ מְאֹד פֶּן תִּשְׁכַּח אֶת הַדְּבָרִים אֲשֶׁר רָאוּ עֵינֶיךָ וּפֶן יָסוּרוּ מִלְּבָבְךָ כֹּל
יְמֵי חַיֶּיךָ וְהוֹדַעְתָּם לְבָנֶיךָ וְלִבְנֵי בָנֶיךָ: (י) יוֹם אֲשֶׁר עָמַדְתָּ לִפְנֵי יְקֹוָק אֱלֹהֶיךָ בְּחֹרֵב בֶּאֱמֹר יְקֹוָק אֵלַי
הַקְהֶל לִי אֶת הָעָם וְאַשְׁמִעֵם אֶת דְּבָרָי אֲשֶׁר יִלְמְדוּן לְיִרְאָה אֹתִי כָּל הַיָּמִים אֲשֶׁר הֵם חַיִּים עַל
הָאֲדָמָה וְאֶת בְּנֵיהֶם יְלַמֵּדוּן:

זכירת מעמד הר סיני

השגות הרמב"ן לספר המצוות לרמב"ם שכחת הלאוין

המצוה השני' שנמנענו שלא נשכח מעמד הר סיני ולא נסיר אותו מדעתנו אבל יהיו עינינו ולבנו שם כל הימים והוא אמרו יתעלה (ואתחנן ד ט-י) "השמר לך ושמור נפשך מאד פן תשכח את הדברים אשר ראו עיניך ופן יסורו מלבבך כל ימי חייך והודעתם לבניך ולבני בניך יום אשר עמדת לפני י"י אלהיך בחורב וגו'."	
... וכבר באר הרב זה בספר המדע (יסוה"ת פ"ח). והוא יסוד גדול בתורה והיא המניעה הבאה לנו בפסוק פן תשכח את הדברים אשר ראו עיניך. והזהיר פן יסורו מן הלב מהודיעם לבנים ולבני בנים לדורות עולם. ואל תטעה בזה מפני דרשם בראשון של קידושין (ל.) לבניך ולבני בניך בלימוד התורה לבני בנים. כי לימוד אמונת התורה הוא הלימוד בתורה. אבל נתבונן ונקח ראיה מדבריהם כי היא מצוה עולמית ועם כל הדורות ידבר שלא ישכחו ענין המעמד ההוא שהיה לכל אדם במראית עיניהם ושמיעת אזניהם ושיעתיקו זה מדור לדור לעולם. וזאת מצות לא תעשה זכרה בעל ההלכות (אות קע). והרב שכחה גם כן:	

נשים בתלמוד תורה

<u>תוספות בקידושין דף לא. ד"ה דלא</u>

- **<u>שיטת ר"ת:</u>**

- **<u>סברתו:</u>**

<u>רמב"ם הלכות ציצית פרק ג הלכה ט</u>

<u>...נשים... פטורין מן הציצית מן התורה...ונשים ועבדים שרצו להתעטף בציצית מתעטפים בלא ברכה, וכן שאר מצות עשה שהנשים פטורות מהן אם רצו לעשות אותן בלא ברכה אין ממחין בידן,</u> ... **השגת הראב"ד:**... <u>ויש שחולק ואומר אף בברכה ואומר שגם הברכה רשות</u> ומביא סעד לדבריו מפ"ק דקידושין מדרב יוסף דאמר מריש הוה אמינא מאן דאמר לי הלכה כר' יהודה דאמר סומא פטור מן המצות עבידנא יומא טבא לרבנן דלא מיפקדנא ועבידנא ואם איתא דמאן דלא מיחייב לא חזי לברוכי א"כ איסורא קא עביד דאיהו בברכה קא עביד להו דאי בלא ברכה מאי יומא טבא איכא עכ"ל.

- הסבר את שיטות הרמב"ם והראב"ד והשוה לתוספות:

שולחן ערוך אורח חיים הלכות ציצית סימן יז סעיף ב

נשים ועבדים פטורים, מפני שהיא מצות עשה שהזמן גרמא. **הגה**: ומ"מ אם רוצים לעטפו ולברך עליו הרשות בידן כמו בשאר מצות עשה שהזמן גרמא (תוס' והרא"ש והר"ן פ"ב דר"ה ופ"ק דקדושין),

- איך פסק השלחן ערוך?

שולחן ערוך אורח חיים סימן מז

סעיף יד: נשים מברכות ברכת התורה.

- השוה לפסק השלחן ערוך הקודם. מה יש להקשות על זה?

מגן אברהם סימן מז ס"ק יד

נשים וכו' - דהא חייבות ללמוד דינין שלהם כמ"ש בי"ד סימן רמ"ו ס"ו ועוד דחייבות לומר פ' הקרבנות כמו שחייבות בתפלה וא"כ קאי הברכה ע"ז [ב"י בשם אגור] עמ"ש סי' קע"ז ס"ג:

R. Chaim haLevi Soloveitchik was born in Volozhin in 1853 to his father R. Joseph Baer, the author of the Beit haLevi, and who was co-Rosh Yeshiva with R. Naphtali Zvi Yehudah Berlin (Netziv). While a youth, he relocated with father to Slutsk. After his marriage to the granddaughter of the Netziv, the daughter of R. Raphael Shapiro, R. Chaim returned to Volozhin and in 1880 / 5640 was appointed to be Rosh Yeshiva alongside the Netziv. He became famous for his singular methodology of analytical study. When the Yeshiva was closed in 1892, he relocated to Brisk (Brest-Litovsk) where his father served as its Rabbi, and when his father died after a few months, R. Chaim was appointed to be Rabbi of Brisk in his place. R. Chaim, considered to be one of the greatest Rashei Yeshivot in the last few generation, was also very active in public affairs on behalf of the Jewish people, both in his city and in Russia, and was very famous for his acts of chessed. In Brisk he continued to teach selected student, and his methodology, the method of understanding, is still referred to as the "Brisker Methodology" of Talmud study to this very day. With the outbreak of World War I, R. Chaim relocated to Warsaw, and towards the end of the war (1918) passed away in Otwock, near Warsaw. During his lifetime, he did not publish any books. His insights and methodology were orally transmitted by his disciples, many of whom were leading Rashei Yeshiva in the yeshivot of Lithuania, and later on, in Eretz Yisrael and in the United States. They were influential in the methodology of Talmud study in the rabbinical academies to this very day. A very relative small number of R. Chaim's insights and selected commentaries were published by his sons in the volume: Chiddushei Rabbeinu Chaim haLevi al haRambam (1936). Other insights have been published in recent years from remnants of his writings and the writings of his disciples in various works and Torah anthologies.

(from the Bat Ilan Responsa Project)

Yitzchok Zev Halevi Soloveitchik, also known as Velvel Soloveitchik ("Zev" means "wolf" in Hebrew, and "Velvel" is the diminutive of "wolf" in Yiddish) or as the Brisker Rov (19 October 1886, Valozhyn – 11 October 1959, Jerusalem), was rosh yeshiva of theBrisk yeshiva in Jerusalem. He was a son of Rabbi Chaim Soloveitchik of Brisk. He is also commonly referred to as the *GRYZ*, an acronym for *Gaon Rabbi Yitzchak Zev* and "The Rov".

He fled the Holocaust and moved to Palestine, where he re-established the Brisk Yeshiva in Jerusalem and continued educating students as his father did, in what would come to be known as the *Brisker derecho* (Yiddish: the "Brisk method" or "Brisk approach") of analyzing the Talmud. This form of analysis stressed conceptual understanding combined with strict adherence to the text; it is also characterized by its emphasis on Maimonides' Mishneh Torah. After his death, the yeshiva split, each son taking part of the following of the yeshiva.

(from Wikipedia)

חידושי הגרי"ז על הרמב"ם פי"א מהלכות ברכות הלכה ט"ז

והנה כבר הקשו אהא דנשים מברכות ברכת התורה, והא פטורות מתלמוד תורה, וביותר קשה לדעת הרמב"ם שפסק בפ"ג מהלכות ציצית דעל מצות שהנשים פטורות אינן רשאות לברך עליהן, ואיך יברכו ברכת התורה כיון שפטורות מתלמוד תורה,

ושמעתי מפי אאמו"ר הגאון החסיד זצוקללה"ה שאמר, דבברכת התורה אין הברכה על קיום מצוה של תלמוד תורה, רק דהוא דין בפני עצמו דתורה בעי ברכה, וכדילפינן לה בברכות דף כ"א מקרא דכי שם ה' אקרא וגו', אם כן אין זה דין ששייך להמצוה כלל, רק דתורה עצמה טעונה ברכה, ונשים פטורות רק מהמצוה של תלמוד תורה, ואינן מופקעות מעצם החפצא של תלמוד תורה, ולימודם הוי בכלל תלמוד תורה, ושפיר יש להם לברך על לימודם, כיון דלא אתינן על זה מכח לתא דקיום המצוה כלל, ע"כ דבריו.

ישלש לימודו

<u>מסכת קידושין דף ל.</u>

1	אמר	
2	רב	
3	ספרא	
*4	משום	
5	ר'	
6	יהושע	
7	בן	
8	חנניא	
*9	מאי	
*10	דכתיב	
*11	ושננתם	
12	לבניך	
*13	אַל	
*14	תקרי	
15	ושננתם	
*16	אלא	
*17	ושלשתם	
*18	לעולם	
*19	ישלש	
20	אדם	
*21	שנותיו	
*22	שליש	
23	במקרא	
24	שליש	
25	במשנה	

26	שליש		
*27	בתלמוד		
28	מי		
29	יודע		
30	כמה		
31	חיי		
*32	לא		
*33	צריכא		
*34	ליומי		

<u>רש"י ד"ה ליומי</u>

- איך פירש את הגמרא?

<u>תוספות ד"ה לא צריכא ליומי</u>

- איך פירשו את הגמרא?

- מה היה קשה להם ברש"י?

- איך אנחנו מקיימים חיוב זה לפי ר"ת?

<u>רמב"ם הלכות תלמוד תורה פרק א הלכה יא-יב</u>

<u>הלכה יא</u>

וחייב לשלש את זמן למידתו, שליש בתורה שבכתב, ושליש בתורה שבעל פה, ושליש יבין וישכיל אחרית דבר מראשיתו ויוציא דבר מדבר וידמה דבר לדבר ויבין במדות שהתורה נדרשת בהן עד שידע היאך הוא עיקר המדות והיאך יוציא האסור והמותר וכיוצא בהן מדברים שלמד מפי השמועה, וענין זה הוא הנקרא גמרא.	

<u>הלכה יב</u>

כיצד	
היה בעל אומנות והיה עוסק במלאכתו שלש שעות ביום ובתורה תשע, אותן התשע קורא בשלש מהן בתורה שבכתב ובשלש בתורה שבעל פה ובשלש אחרות מתבונן בדעתו להבין דבר מדבר, ודברי קבלה בכלל תורה שבכתב הן ופירושן בכלל תורה שבעל פה, והענינים הנקראים פרדס בכלל הגמרא הן,	
במה דברים אמורים בתחלת תלמודו של אדם אבל כשיגדיל בחכמה ולא יהא צריך לא ללמוד תורה שבכתב ולא לעסוק תמיד בתורה שבעל פה יקרא בעתים מזומנים תורה שבכתב ודברי השמועה כדי שלא ישכח דבר מדברי דיני תורה ויפנה כל ימיו לגמרא בלבד לפי רוחב שיש בלבו ויישוב דעתו.	

- השוה את הרמב"ם לתוספות

<u>מסכת קידושין דף ל.</u>

*1	לפיכך	
*2	נקראו	
*3	ראשונים	
4	סופרים	
5	שהיו	
*6	סופרים	
7	כל	
8	האותיות	
9	שבתורה	
10	שהיו	
11	אומרים	
12	וא"ו	
13	דגחון	
*14	חציין	
15	של	
*16	אותיות	
17	של	
*18	ס"ת	
19	דרש	
20	דרש	
21	חציין	
22	של	
*23	תיבות	
24	והתגלח	
25	של	
26	פסוקים	

27	יכרסמנה	
28	חזיר	
29	מיער	
30	עי"ן	
31	דיער	
32	חציין	
33	של	
34	תהלים	
35	והוא	
*36	רחום	
*37	יכפר	
*38	עון	
39	חציו	
40	דפסוקים	
*41	בעי	
42	רב	
43	יוסף	
44	וא"ו	
45	דגחון	
46	מהאי	
*47	גיסא	
48	או	
49	מהאי	
50	גיסא	
51	א"ל	
52	ניתי	
53	ס"ת	

*54	ואימנינהו	
55	מי	
56	לא	
57	אמר	
58	רבה	
59	בר	
60	בר	
61	חנה	
62	לא	
*63	זזו	
64	משם	
65	עד	
66	שהביאו	
67	ספר	
68	תורה	
*69	ומנאום	
70	א"ל	
*71	אינהו	
*72	בקיאי	
*73	בחסירות	
*74	ויתרות	
*75	אנן	
76	לא	
77	בקיאינן	
*78	בעי	
79	רב	
80	יוסף	

81	והתגלח	
82	מהאי	
83	גיסא	
84	או	
85	מהאי	
86	גיסא	
87	א"ל	
88	אביי	
89	פסוקי	
90	מיהא	
91	ליתו	
92	לימנוי'	
93	בפסוקי	
94	נמי	
95	לא	
96	בקיאינן	
97	דכי	
98	אתא	
99	רב	
100	אחא	
101	בר	
102	אדא	
103	אמר	
104	במערבא	
105	פסקי	
106	ליה	
107	להאי	

108	קרא	
109	לתלתא	
110	פסוקי	
111	ויאמר	
112	ה'	
113	אל	
114	משה	
115	הנה	
116	אנכי	
117	בא	
118	אליך	
119	בעב	
120	הענן	
121*	תנו	
122*	רבנן	
123	חמשת	
124	אלפים	
125	ושמונה	
126	מאות	
127	ושמונים	
128	ושמונה	
129	פסוקים	
130	הוו	
131	פסוקי	
132	ס"ת	
133	יתר	
134	עליו	

135	תהלים	
136	שמונה	
137	חסר	
138	ממנו	
139	דברי	
140	הימים	
141	שמונה	
142	תנו	
143	רבנן	
144	ושננתם	
145	שיהו	
146	דברי	
147	תורה	
148*	מחודדים	
149*	בפיך	
150	שאם	
151	ישאל	
152	לך	
153	אדם	
154	דבר	
155	אל	
156*	תגמגם	
157	ותאמר	
158	לו	
159	אלא	
160	אמור	
161	לו	

162	מיד		
163	שנאמר		

<u>מסכת קידושין דף ל:</u>

1	אמור		
2	לחכמה		
3	אחותי		
4	את		
5	וגו'		
6	ואומר		
7	קשרם		
8	על		
9	אצבעותיך		
10	כתבם		
11	על		
12	לוח		
13	לבך		
14	ואומר		
15	כחצים		
16	ביד		
17	גבור		
18	כן		
19	בני		
20	הנעורים		
21	ואומר		
22	חצי		
23	גבור		
24	שנונים		

25	ואומר	
26	חציך	
27	שנונים	
28	עמים	
29	תחתיך	
30	יפלו	
31	ואומר	
32	אשרי	
33	הגבר	
34	אשר	
35	מלא	
36	את	
37	אשפתו	
38	מהם	
39	לא	
40	יבושו	
41	כי	
42	ידברו	
43	את	
44	אויבים	
45	בשער	
46*	מאי	
47	את	
48	אויבים	
49	בשער	
50	אמר	
51	רבי	

52	חייא	
53	בר	
54	אבא	
*55	אפי'	
56	האב	
57	ובנו	
58	הרב	
59	ותלמידו	
60	שעוסקין	
61	בתורה	
62	בשער	
63	אחד	
*64	נעשים	
*65	אויבים	
*66	זה	
*67	את	
*68	זה	
*69	ואינם	
*70	זזים	
*71	משם	
*72	עד	
*73	שנעשים	
*74	אוהבים	
75	זה	
76	את	
77	זה	
78	שנאמר	

79	את		
80	והב		
81	בסופה		
*82	אל		
*83	תקרי		
*84	בסוּפָה		
*85	אלא		
*86	בסוֹפָהּ		

<u>תוספות ד"ה אל (בדף ל.)?</u>

- מהי קושית התוספות?

- מהי תשובתם?

מחלוקת

__רמב"ם הלכות עבודה זרה פרק יב הלכה יד__

ובכלל אזהרה זה שלא יהיו שני בתי דינין בעיר אחת זה נוהג כמנהג זה וזה נוהג כמנהג אחר, שדבר זה גורם למחלוקות גדולות שנאמר **"לא תתגודדו" לא תעשו אגודות אגודות.**

__מסכת סנהדרין דף כד.__

אמר רבי אושעיא מאי דכתיב (זכריה י"א) **"ואקח לי (את) שני מקלות לאחד קראתי נועם ולאחד קראתי חובלים"**? "נועם" אלו תלמידי חכמים שבארץ ישראל שמנעימין זה לזה בהלכה, "חובלים" אלו תלמידי חכמים שבבבל שמחבלים זה לזה בהלכה

ספר "בניהו" על אגדות חז"ל מאת ר' יוסף חיים, בעל ספר "בן איש חי"

מסכת סנהדרין – פרק שלישי – דף כד.

1	**חובלים אלו תלמידי כחמים שבבבל שמחבלים זה את זה בהלכה.** נראה לי בס"ד, דרכן של חכמי ארץ ישראל, אם אחד אומר הלכה בבית המדרש אין מקשים על דבריו, אלא אדרבה משתדלים לעשות סיוע לדבריו מן המשניות והברייתות.	
2	וכמו שאמרו בגמרא (בבא מציעא פד.) על רבי אלעזר בן פדת כשישב במקום רבי שמעון בן לקיש, על כל הלכה ושמעתתא שהיה מוציא [רבי יוחנן] מפיו, היה מביא לו סייעתא לדבריו, שהיה אומר לו "תניא דמסייע לך,"	
3	ולזה אמרו: "נוחין זה לזה בהלכה," כלומר אין דרכם להקשות כל אחד על דברי חבירו, אלא אדרבה משתדל להביא לו סיוע לדבריו, ומחמת כן אינו יוצא מלימודם חדושי תורה בהלכות חדשות, ואין לימודם עושה פרי, אבל תלמידי חכמים שבבבל, דרכם להקשות כל אחד על דברי חבירו המגיד ההלכה.	
4	**וכאשר** היה נוהג ריש לקיש עם רבי יוחנן כשאומר ההלכה בבית המדרש, להרבות קושיות על ההלכה אשר מגיד שם. והיה מוכרח ר' יוחנן לתרץ תירוצים לקיים ההלכה שאמר, ומחמת קושיות ותירוצים אלו נולד הלכות חדשות, ויוצא מן הלימוד פירות טובים. וכן היה דרכם של חכמי בבל.	
5	ולכן קראם "חובלים," שמחבלים זה לזה בהלכות על ידי קושיות שמקשה כל אחד בדברי ההלכה אשר יגיד חבירו, ואז על ידי כן חולבים חלב טוב מן הלימוד שלהם. על כן קראם "חובלים," בהפוך אתוון הוא "חולבים," כי על ידי שהם חובלים, הנה הם חולבים חלב טוב וחדש מן זה הלימוד שהם חובלים זה לזה.	

Chacham Yosef Chaim (1832-1909), known as the Ben Ish Chai, was a highly-revered Torah scholar and master of Kabbalah. Based in Baghdad, Iraq, he was recognized by the Sephardic community both locally and abroad as an eminent Halachic authority.

At the age of eighteen, he married Rachel, the daughter of Rabbi Yehudah Someich, a relative to his teacher. Together, they had one daughter and a son. Yosef Chaim was known for the attention he showered upon his children, teaching them Torah and conversing with them, despite his demanding schedule. He often composed little riddles and puzzles to entertain them, some which are recorded in his book *Imrei Binah*.

When Yosef Chaim was twenty-five years old, his father passed away, and he became the unofficial leader of the Baghdad community. The title *chacham* – "wise one," the traditional Sephardic title bestowed upon rabbis – was appended to his name. Despite his young age, he was highly respected. During his lifetime, per his influence, all the Jews of Baghdad observed Shabbat and Torah law. Chacham Yosef Chaim refused a salary for his public service. Instead, he supported his family by partnering in his brother's business. He personally funded the publishing of his books, refusing sponsorship or charity, and any income from these books would be distributed to the poor. He was also known to donate his books for free to Torah scholars.

He personally funded the publishing of his books, refusing sponsorship or charity, and any income from these books would be distributed to the poor. He attempted to bridge the gap between the Sephardi and Ashkenazicommunities, who often followed widely differing practices, by referencing his contemporaries abroad, and reflecting on their approaches in his own writings. He felt strongly that Torah scholars needed to show mutual recognition for one another, even when they disagreed, lest their names be forgotten with the passage of time.

Though his legal decisions carried weight primarily amongst Sephardi populaces, his Ashkenazi counterparts recognized his genius, held him in high esteem, and often quoted his rulings.

For fifty years, from his appointment until his death, he lectured for one hour daily on Torah law and *aggadah* (historical and anecdotal material) in the*Tsallat L'ziri*, "the small synagogue." Four times a year, he lectured at the Great Synagogue of Baghdad, built with dirt from the land of Israel.

Chacham Yosef Chaim understood that cut-and-dry Torah law would not appeal to many, so the bulk of his discourses were coupled with Kabbalah and Aggadah. He helped his followers make associations between Biblical lore and the law, so their hearts would be drawn to the wisdom of Torah, and they would remember it.

His seminal work, the Ben Ish Chai, is based on the three-hour classes he presented each Shabbat. He'd begin each lecture with a Kabbalistic interpretation, in simple language, of the Torah portion of the week, and then present a selection of related practical laws. Two important figures guided his work: Rabbi Shimon bar Yochai, author of the Zohar, and Rabbi Isaac Luria, theArizal.

The Ben Ish Chai became the standard reference book for Torah law amongSephardim. It appealed to a wide audience, scholars and commoners alike, including women, who were usually not provided a religious education. Due to its widespread popularity, Chacham Yosef Chaim came to be called by the name of his book.

The Ben Ish Chai became the standard reference book for Torah law among Sephardim. It appealed to a wide audience, scholars and commoners alike.

Chacham Yosef Chaim deeply loved the Land of Israel. He supported the Jewish settlement by printing all his books there, and throughout his life, gave money to the messengers from Israel who came to collect for the poor. In 1869, he journeyed to Israel where he visited the gravesites of numerous holy figures in Jerusalem and Hebron, and met with eminent Kabbalists. Though offered a rabbinical post there, he decided to return to Iraq. He brought back with him a large stone to be placed at the entrance to the synagogue where he lectured.

Based on http://www.chabad.org/library/article_cdo/aid/975828/jewish/The-Ben-Ish-Chai.htm by Chana Lewis

<u>מסכת בבא מציעא דף פד.</u>

1	יומא חד הוה קא סחי רבי יוחנן בירדנא, חזייה ריש לקיש ושוור לירדנא אבתריה,	
2	אמר ליה: חילך לאורייתא! –	
3	אמר ליה: שופרך לנשי! –	
4	אמר ליה: אי הדרת בך - יהיבנא לך אחותי, דשפירא מינאי.	
5	קביל עליה.	
6	בעי למיהדר לאתויי מאניה - ולא מצי הדר.	
7	אקרייה ואתנייה, ושוייה גברא רבא.	
8	יומא חד הוו מפלגי בי מדרשא: הסייף והסכין והפגיון והרומח ומגל יד ומגל קציר מאימתי מקבלין טומאה משעת גמר מלאכתן, ומאימתי גמר מלאכתן? רבי יוחנן אומר: משיצרפם בכבשן, ריש לקיש אמר: משיצחצחן במים. –	
9	אמר ליה: לסטאה בלסטיותיה ידע!	
10	אמר ליה: ומאי אהנת לי? התם רבי קרו לי, הכא רבי קרו לי.	
11	אמר ליה: אהנאי לך דאקרבינך תחת כנפי השכינה.	
12	חלש דעתיה דרבי יוחנן,	
13	חלש ריש לקיש. אתאי אחתיה קא בכיא,	
14	אמרה ליה: עשה בשביל בני!	
15	אמר לה: (ירמיהו מ"ט) עזבה יתמיך אני אחיה.	
16	עשה בשביל אלמנותי!	

17	אמר לה: (ירמיהו מ"ט) ואלמנותיך עלי תבטחו.	
18	נח נפשיה דרבי שמעון בן לקיש, והוה קא מצטער רבי יוחנן בתריה טובא.	
19	אמרו רבנן: מאן ליזיל ליתביה לדעתיה - ניזיל רבי אלעזר בן פדת, דמחדדין שמעתתיה.	
20	אזל יתיב קמיה, כל מילתא דהוה אמר רבי יוחנן אמר ליה: תניא דמסייעא לך.	
21	אמר: את כבר לקישא? בר לקישא, כי הוה אמינא מילתא - הוה מקשי לי עשרין וארבע קושייתא, ומפרקינא ליה עשרין וארבעה פרוקי, וממילא רווחא שמעתא. ואת אמרת תניא דמסייע לך, אטו לא ידענא דשפיר קאמינא?	
22	הוה קא אזיל וקרע מאניה, וקא בכי ואמר: היכא את בר לקישא, היכא את בר לקישא, והוה קא צוח עד דשף דעתיה [מיניה].	
23	בעו רבנן רחמי עליה ונח נפשיה.	

- מה יש ללמוד מזה בקשר למחלוקות בהלכה?

אלו ואלו דברי אלקים חיים הן

<u>תלמוד בבלי מסכת עירובין דף יג:</u>

אמר רבי אבא אמר שמואל: שלש שנים נחלקו בית שמאי ובית הלל, הללו אומרים הלכה כמותנו והללו אומרים הלכה כמותנו. יצאה בת קול ואמרה: אלו ואלו דברי אלקים חיים הן, והלכה כבית הלל.

וכי מאחר שאלו ואלו דברי אלהים חיים מפני מה זכו בית הלל לקבוע הלכה כמותן - מפני שנוחין ועלובין היו, ושונין דבריהן ודברי בית שמאי. ולא עוד אלא שמקדימין דברי בית שמאי לדבריהן.

___

___

___

<u>חידושי הריטב"א מסכת עירובין דף יג:</u>

אלו ואלו דברי אלקים חיים. שאלו רבני צרפת ז"ל היאך אפשר שיהו שניהם דברי אלהים חיים וזה אוסר וזה מתיר, ותירצו כי כשעלה משה למרום לקבל תורה הראו לו על כל דבר ודבר מ"ט פנים לאיסור ומ"ט פנים להיתר, ושאל להקב"ה על זה, ואמר שיהא זה מסור לחכמי ישראל שבכל דור ודור ויהיה הכרעה כמותם.

___

___

___

רמב"ם הלכות ממרים פרק א

הלכה א: בית דין הגדול שבירושלים הם עיקר תורה שבעל פה, והם עמודי ההוראה ומהם חק ומשפט יוצא לכל ישראל, ועליהן הבטיחה תורה שנאמר על פי התורה אשר יורוך זו מצות עשה, וכל המאמין במשה רבינו ובתורתו חייב לסמוך מעשה הדת עליהן ולישען עליהן.

הלכה ב: כל מי שאינו עושה כהוראתן עובר בלא תעשה שנאמר לא תסור מכל הדבר אשר יגידו לך ימין ושמאל, ... אחד דברים שלמדו אותן מפי השמועה והם תורה שבעל פה, ואחד דברים שלמדום מפי דעתם באחת מן המדות שהתורה נדרשת בהן ונראה בעיניהם שדבר זה כך הוא, ואחד דברים שעשאום סייג לתורה ולפי מה שהשעה צריכה והן הגזרות והתקנות והמנהגות, כל אחד ואחד מאלו השלשה דברים מצות עשה לשמוע להן, והעובר על כל אחד מהן עובר בלא תעשה...

הלכה ג: דברי קבלה אין בהן מחלוקת לעולם וכל דבר שתמצא בו מחלוקת בידוע שאינו קבלה ממשה רבינו, ודברים שלמדין מן הדין אם הסכימו עליהן בית דין הגדול כולן הרי הסכימו, ואם נחלקו בהן הולכין אחר הרוב ומוציאין הדין אחר הרבים, וכן הגזרות והתקנות והמנהגות אם ראו מקצתן שראוי לגזור גזירה או לתקן תקנה או שיניחו העם המנהג הזה, וראו מקצתן שאין ראוי לגזור גזרה זו ולא לתקן תקנה זו ולא להניח מנהג זה נושאין ונותנין אלו כנגד אלו והולכין אחר רובן ומוציאין הדבר אחר הרבים.

הלכה ד: כשהיה בית דין הגדול קיים לא היתה מחלוקת בישראל, אלא כל דין שנולד בו ספק לאחד מישראל שואל לבית דין שבעירו אם ידעו אמרו לו אם לאו הרי השואל עם אותו בית דין או עם שלוחיו עולין לירושלים ושואלין לבית דין שבהר הבית אם ידעו אמרו לו אם לאו הכל באין לבית דין שעל פתח העזרה, אם ידעו אמרו להן ואם לאו הכל באין ללשכת הגזית לבית דין הגדול ושואלין, אם היה הדבר שנולד בו הספק לכל, ידוע אצל בית דין הגדול בין מפי הקבלה בין מפי המדה שדנו בה אומרים מיד, אם לא היה הדבר ברור אצל בית דין הגדול דנין בו בשעתן ונושאין ונותנין בדבר עד שיסכימו כולן, או יעמדו למנין וילכו אחר הרוב ויאמרו לכל השואלים כך הלכה והולכין להן, משבטל בית דין הגדול רבתה מחלוקת בישראל זה מטמא ונותן טעם לדבריו וזה מטהר ונותן טעם לדבריו זה אוסר וזה מתיר.

הלכה ה: שני חכמים או שני בתי דינין שנחלקו שלא בזמן הסנהדרין או עד שלא היה הדבר ברור להן, בין בזמן אחד בין בזה אחר זה, אחד מטהר ואחד מטמא אחד אוסר ואחד מתיר אם אינך יודע להיכן הדין נוטה, בשל תורה הלך אחר המחמיר בשל סופרים הלך אחר המיקל.

ספק דאורייתא לחומרא:

ספק דרבנן לקולא:

יצר הרע

<u>מסכת קידושין דף ל:</u>

1	ת"ר	
*2	ושמתם	
*3	סם	
*4	תם	
*5	נמשלה	
6	תורה	
7	כסם	
8	חיים	
*9	משל	
10	לאדם	
*11	שהכה	
12	את	
13	בנו	
14	מכה	
15	גדולה	
*16	והניח	
17	לו	
18	רטיה	
19	על	
*20	מכתו	
21	ואמר	
22	לו	
23	בני	
24	כל	
25	זמן	

26	שהרטיה	
27	זו	
28	על	
29	מכתך	
30	אכול	
31	מה	
32*	שהנאתך	
33	ושתה	
34	מה	
35	שהנאתך	
36	ורחוץ	
37	בין	
38*	בחמין	
39	בין	
40*	בצונן	
41	ואין	
42	אתה	
43*	מתיירא	
44	ואם	
45	אתה	
46*	מעבירה	
47	הרי	
48	היא	
49	מעלה	
50	נומי	
51	כך	
52	הקדוש	

53	ברוך	
54	הוא	
55	אמר	
56	להם	
57	לישראל	
58	בני	
*59	בראתי	
60	יצר	
61	הרע	
62	ובראתי	
63	לו	
64	תורה	
*65	תבלין	
66	ואם	
67	אתם	
*68	עוסקים	
69	בתורה	
70	אין	
71	אתם	
*72	נמסרים	
*73	בידו	
74	שנאמר	
75	הלא	
76	אם	
77	תטיב	
78	שאת	
79	ואם	

80	אין	
81	אתם	
82	עוסקין	
83	בתורה	
84	אתם	
85*	נמסרים	
86	בידו	
87	שנא'	
88	לפתח	
89	חטאת	
90	רובץ	
91*	ולא	
92*	עוד	
93*	אלא	
94	שכל	
95*	משאו	
96*	ומתנו	
97	בך	
98	שנאמר	
99	ואליך	
100	תשוקתו	
101	ואם	
102	אתה	
103	רוצה	
104	אתה	
105*	מושל	
106	בו	

107	שנאמר	
108	ואתה	
109	תמשל	
110	בו	
111	ת"ר	
*112	קשה	
113	יצר	
114	הרע	
*115	שאפילו	
*116	יוצרו	
*117	קראו	
118	רע	
119	שנאמר	
120	כי	
121	יצר	
122	לב	
123	האדם	
124	רע	
125	מנעוריו	
126	אמר	
127	רב	
128	יצחק	
129	יצרו	
130	של	
131	אדם	
*132	מתחדש	
133	עליו	

134	בכל	
135	יום	
136	שנאמר	
137	רק	
138	רע	
139	כל	
140	היום	
141	ואמר	
142	ר"ש	
143	בן	
144	לוי	
145	יצרו	
146	של	
147	אדם	
148	מתגבר	
149	עליו	
150	בכל	
151	יום	
152	ומבקש	
153	המיתו	
154	שנאמר	
155	צופה	
156	רשע	
157	לצדיק	
158	ומבקש	
159	להמיתו	
*160	ואלמלא	

161	הקדוש	
162	ברוך	
163	הוא	
*164	עוזרו	
165	אין	
166	יכול	
167	לו	
168	שנאמר	
169	אלהים	
170	לא	
171	יעזבנו	
172	בידו	
173	תנא	
174	דבי	
175	ר'	
176	ישמעאל	
177	בני	
178	אם	
179	פגע	
180	בך	
*181	מנוול	
182	זה	
*183	משכהו	
184	לבית	
185	המדרש	
186	אם	
*187	אבן	

	הוא	188
	נימוח	189
	ואם	190
	ברזל	191
	הוא	192
	מתפוצץ	193
	שנאמר	194
	הלא	195
	כה	196
	דברי	197
	כאש	198
	נאם	199
	ה'	200
	וכפטיש	201*
	יפוצץ	202*
	סלע	203*
	אם	204
	אבן	205
	הוא	206
	נימוח	207
	שנאמר	208
	הוי	209
	כל	210
	צמא	211
	לכו	212
	למים	213
	ואומר	214

		אבנים	215
		שחקו	216
		מים	217

<u>בראשית פרק ד</u>

(ה) וְאֶל קַיִן וְאֶל מִנְחָתוֹ לֹא שָׁעָה וַיִּחַר לְקַיִן מְאֹד וַיִּפְּלוּ פָּנָיו: (ו) וַיֹּאמֶר יְקֹוָק אֶל קָיִן לָמָּה חָרָה לָךְ וְלָמָּה נָפְלוּ
פָּנֶיךָ: (ז) הֲלוֹא אִם תֵּיטִיב שְׂאֵת וְאִם לֹא תֵיטִיב לַפֶּתַח חַטָּאת רֹבֵץ וְאֵלֶיךָ תְּשׁוּקָתוֹ וְאַתָּה תִּמְשָׁל בּוֹ:

How would you summarize the Talmud's perspective on the Yetzer Hara based on this section?

How else might one think about the Yetzer Hara?

List a few points that the Talmud makes about the Yetzer Hara that may not be obvious.

1. ____

____

____

2. ____

____

____

3. ____

____

____

4. ____

____

____

5. ____

____

____

כיסוי הראש

<u>מסכת קידושין דף לא.</u> שורות 12-16

1	אמר		
2	רבי		
3	יהושע		
4	בן		
5	לוי		
6	אסור		
7	לאדם		
8	שיהלך		
9	ארבע		
10	אמות		
11	בקומה		
12	זקופה		
13	שנא'		
14	מלא		
15	כל		
16	הארץ		
17	כבודו		
18	רב		
19	הונא		
20	בריה		
21	דרב		
22	יהושע		
23	לא		
24	מסגי		
25	ארבע		

אמות		
*32		

שולחן ערוך אורח חיים הלכות הנהגת אדם בבקר סימן ב סעיף ו

אסור לילך בקומה זקופה, ולא ילך ד' אמות בגילוי הראש (מפני כבוד השכינה)

כבוד אב ואם

שרש המצוה

<u>**ספר החינוך מצוה לג**</u>

משרשי מצוה זו, שראוי לו לאדם שיכיר ויגמול חסד למי שעשה עמו טובה, ולא יהיה נבל ומתנכר וכפוי טובה, שזו מידה רעה ומאוסה בתכלית לפני אלהים ואנשים. ושיתן אל לבו כי האב והאם הם סיבת היותו בעולם, ועל כן באמת ראוי לו לעשות להם כל כבוד וכל תועלת שיוכל, כי הם הביאוהו לעולם, גם יגעו בו כמה יגיעות בקטנותו. וכשיקבע זאת המדה בנפשו יעלה ממנה להכיר טובת האל ברוך הוא, שהוא סיבתו וסיבת כל אבותיו עד אדם הראשון, ושהוציאו לאויר העולם וסיפק צרכו כל ימיו, והעמידו על מתכונתו ושלימות אבריו, ונתן בו נפש יודעת ומשכלת, שאלולי הנפש שחננו האל יהיה כסוס כפרד אין הבין, ויערוך במחשבתו כמה וכמה ראוי לו להזהר בעבודתו ברוך הוא.

<u>**מנחת חינוך מצוה לג**</u>

ומ"ע הוא ככל מצות שבתורה לענין תשובה דתשובה מכפר. ומכל מקום אני מסופק לפי המבואר בר"מ הלכות תשובה ובש"ס דעבירות שבין אדם לחבירו לא מהני תשובה ולא יום הכפורים עד שירצה את חבירו, אם כאן במצוה זו של כיבוד דהוא נוסף דגזירת הכתוב הוא דנוסף על כיבוד כל אדם דבאדם אחר אין איסור אלא לצערו וכאן מצוה לכבדו אם לא כיבדו אפשר דהיא רק מצות המקום ברוך הוא ולא בין אדם לחבירו דבין אל"ח אינו אלא במה שהוא שוה לכ"א אבל כאן הוא רק באו"א אם כן אינו אלא כמצות שבין אדם למקום ב"ה או דלמא כיון שהשי"ת ציוה זו המצוה בין אל"ח הוי בין אדם לחבירו ולא מהני תשובה אם לא שירצה את אב ואם.

- מהי ספיקת המנחת חינוך?

- מהו הנפקא מינה?

<u>מסכת קידושין דף ל:</u>

*1	ת"ר	
2	נאמר	
3	כבד	
4	את	
5	אביך	
6	ואת	
7	אמך	
8	ונאמר	
9	כבד	
10	את	
11	ה'	
*12	מהונך	
*13	השוה	
14	הכתוב	
15	כבוד	
16	אב	
17	ואם	
18	לכבוד	
*19	המקום	
20	נאמר	
21	איש	
22	אמו	
23	ואביו	
*24	תיראו	
25	ונאמר	
26	את	

27	ה'	
28	אלהיך	
29	תירא	
30	ואותו	
31	תעבוד	
32	השוה	
33	הכתוב	
34	מוראת	
35	אב	
36	ואם	
37	למוראת	
38	המקום	
39	נאמר	
40*	מקלל	
41	אביו	
42	ואמו	
43	מות	
44	יומת	
45	ונאמר	
46	איש	
47	איש	
48	כי	
49	יקלל	
50	אלהיו	
51	ונשא	
52	חטאו	
53	השוה	

54	הכתוב	
*55	ברכת	
56	אב	
57	ואם	
58	לברכת	
59	המקום	
60	אבל	
*61	בהכאה	
62	ודאי	
*63	אי	
*64	אפשר	
65	וכן	
*66	בדין	
67	ששלשתן	
*68	שותפין	
69	בו	
70	ת"ר	
71	שלשה	
72	שותפין	
73	הן	
74	באדם	
75	הקדוש	
76	ברוך	
77	הוא	
78	ואביו	
79	ואמו	
80	בזמן	

81	שאדם		
82	מכבד		
83	את		
84	אביו		
85	ואת		
86	אמו		
87	אמר		
88	הקדוש		
89	ברוך		
90	הוא		
*91	מעלה		
92	אני		
*93	עליהם		
*94	כאילו		
*95	דרתי		
*96	ביניהם		
*97	וכבדוני		

עד היכן כיבוד אב ואם

<u>מסכת קידושין דף לא.</u>

1	בעו מיניה מרב עולא עד היכן כיבוד אב ואם	
2	אמר להם צאו וראו מה עשה עובד כוכבים אחד באשקלון ודמא בן נתינה שמו פעם אחת בקשו חכמים פרקמטיא בששים ריבוא שכר והיה מפתח מונח תחת מראשותיו של אביו ולא ציערו	
3	אמר רב יהודה אמר שמואל שאלו את ר' אליעזר עד היכן כיבוד אב ואם	
4	אמר להם צאו וראו מה עשה עובד כוכבים אחד לאביו באשקלון ודמא בן נתינה שמו בקשו ממנו חכמים אבנים לאפוד בששים ריבוא שכר ורב כהנא מתני בשמונים ריבוא והיה מפתח מונח תחת מראשותיו של אביו ולא ציערו	
5	לשנה האחרת נתן הקדוש ברוך הוא שכרו שנולדה לו פרה אדומה בעדרו	
6	נכנסו חכמי ישראל אצלו אמר להם יודע אני בכם שאם אני מבקש מכם כל ממון שבעולם אתם נותנין לי אלא אין אני מבקש מכם אלא אותו ממון שהפסדתי בשביל כבוד אבא	

1	דאר"ח	דאמר רב חנינא	
2	גדול		
3	מצווה		
4	ועושה		
5	ממי		
6	שאינו		
7	מצווה		
8	ועושה		
9	אמר		
10	רב		
11	יוסף		
12	מריש		
13	ה"א		
14	מאן		
15	דהוה		
16	אמר		
17	לי		
18	הלכה		
19	כר"י	כרבי יהודה	
20	דאמר		
21	סומא		
22	פטור		
23	מן		
24	המצות		
25	עבידנא		
26	יומא		
27	טבא		

28	לרבנן	
29	דהא	
30	לא	
31	מיפקידנא	
32	והא	
33	עבידנא	
34	השתא	
35	דשמעיתא	
36	להא	
37	דא"ר	
38	חנינא	
39	גדול	
40	מצווה	
41	ועושה	
42	יותר	
43	ממי	
44	שאינו	
45	מצווה	
46	ועושה	
47	אדרבה	
48	מאן	
49	דאמר	
50	לי	
51	דאין	
52	הלכה	
53	כרבי	
54	יהודה	

55	עבידנא		
56	יומא		
57	טבא		
58	לרבנן		

- לפי תוספות (ד"ה גדול) למה גדול המצוה ועושה ממי שאינו מצוה ועושה?

- מה הוכיחו התוספות (ד"ה דלא) ומהי ראייתם?________________________________

<u>המשך הגמרא בדף לא.</u>

כי אתא רב דימי אמר פעם אחת היה לבוש סירקון של זהב והיה יושב בין גדולי רומי ובאתה אמו וקרעתו ממנו וטפחה לו על ראשו וירקה לו בפניו ולא הכלימה

תני אבימי בריה דרבי אבהו יש מאכיל לאביו פסיוני וטורדו מן העולם ויש מטחינו בריחים

[דף לא:] ומביאו לחיי העולם הבא...

רבי טרפון הוה ליה ההיא אמא דכל אימת דהות בעיא למיסק לפוריא גחין וסליק לה וכל אימת דהות נחית נחתת עלויה אתא וקא משתבח בי מדרשא אמרי ליה עדיין לא הגעת לחצי כיבוד כלום זרקה ארנקי בפניך לים ולא הכלמתה

רב יוסף כי הוה שמע קל כרעא דאמיה אמר איקום מקמי שכינה דאתיא

<u>מסכת קידושין דף לא:</u> משורה 36

1	ת"ר	
*2	מכבדו	
3	בחייו	
4	ומכבדו	
5	במותו	
6	בחייו	
*7	כיצד	
8	הנשמע	
9	בדבר	
10	אביו	
11	למקום	
12	לא	
13	יאמר	
14	שלחוני	
15	בשביל	
16	עצמי	
17	מהרוני	
18	בשביל	
19	עצמי	
20	פטרוני	
21	בשביל	
22	עצמי	
*23	אלא	
24	כולהו	
25	בשביל	
26	אבא	

27	במותו	
28	כיצד	
29	היה	
30	אומר	
31	דבר	
32	שמועה	
33	מפיו	
34	לא	
35	יאמר	
36	כך	
37	אמר	
38	אבא	
39	אלא	
40	כך	
41	אמר	
42	אבא	
43*	מרי	
44*	הריני	
45*	כפרת	
46*	משכבו	
47*	והני	
48*	מילי	
49*	תוך	
50	שנים	
51	עשר	
52	חדש	
53	מכאן	

54	ואילך	
55	אומר	
*56	זכרונו	
*57	לברכה	
*58	לחיי	
*59	העולם	
*60	הבא	
*61	תנו	
*62	רבנן	
63	חכם	
*64	מְשַנֶה	
65	שם	
66	אביו	
67	ושם	
68	רבו	
69	תורגמן	
70	אינו	
71	משנה	
72	לא	
73	שם	
74	אביו	
75	ולא	
76	שם	
77	רבו	
78	אבוה	
*79	דמאן	
*80	אילימא	

81	אבוה	
82	דמתורגמן	
83*	אטו	
84	תורגמן	
85*	לאו	
86*	בר	
87*	חיובא	
88	הוא	
89	אלא	
90	אמר	
91	רבא	
92	שם	
93	אביו	
94	של	
95	חכם	
96	ושם	
97	רבו	
98	של	
99	חכם	
100*	כי	
101	הא	
102	דמר	
103	בר	
104	רב	
105	אשי	
106*	כי	
107*	הוה	

108	דריש	
*109	בפירקא	
*110	איהו	
111	אמר	
112	אבא	
113	מרי	
114	ואמוריה	
115	אמר	
116	הכי	
117	אמר	
118	רב	
119	אשי	
120	ת"ר	
*121	איזהו	
122	מורא	
123	ואיזהו	
124	כיבוד	
125	מורא	
126	לא	
127	עומד	
128	במקומו	
129	ולא	
130	יושב	
131	במקומו	
132	ולא	
*133	סותר	
134	את	

135	דבריו	
136	ולא	
*137	מכריעו	
138	כיבוד	
*139	מאכיל	
*140	ומשקה	
*141	מלביש	
*142	ומכסה	
143	מכניס	
144	ומוציא	
*145	איבעיא	
*146	להו	

<u>תלמוד בבלי מסכת קידושין דף לב.</u>

*1	משל	
2	מי	
3	רב	
4	יהודה	
5	אמר	
6	משל	
7	בן	
8	רב	
9	נתן	
10	בר	
11	אושעיא	
12	אמר	
13	משל	
14	אב	

*15	אורו	
16	ליה	
17	רבנן	
18	לרב	
19	ירמיה	
20	ואמרי	
21	לה	
22	לבריה	
23	דרב	
24	ירמיה	
*25	כמ"ד	
26	משל	
27	אב	
*28	מיתיבי	
29	נאמר	
30	כבד	
31	את	
32	אביך	
33	ואת	
34	אמך	
35	ונאמר	
36	כבד	
37	את	
38	ה'	
39	מהונך	
40	מה	
41	להלן	

42*	בחסרון	
43*	כיס	
44*	אף	
45*	כאן	
46	בחסרון	
47	כיס	
48*	ואי	
49*	אמרת	
50	משל	
51	אב	
52*	מאי	
53*	נפקא	
54*	ליה	
55*	מיניה	
56*	לביטול	
57*	מלאכה	
58	ת"ש	
59	ב'	
60	אחים	
61	שני	
62	שותפין	
63	האב	
64	ובנו	
65	הרב	
66	ותלמידו	
67*	פודין	
68	זה	

69	לזה	
*70	מעשר	
*71	שני	
72	ומאכילין	
73	זה	
74	לזה	
*75	מעשר	
*76	עני	
77	ואי	
78	אמרת	
79	משל	
80	בן	
*81	נמצא	
82	זה	
*83	פורע	
*84	חובו	
*85	משל	
*86	עניים	
*87	לא	
*88	צריכא	
*89	להעדפה	
*90	אי	
*91	הכי	
*92	היינו	
93	דקתני	
94	עלה	
95	אמר	

96	רבי	
97	יהודה	
98	תבא	
*99	מאירה	
100	למי	
101	שמאכיל	
102	את	
103	אביו	
104	מעשר	
105	עני	
106	ואי	
107	להעדפה	
108	מאי	
109	נפקא	
110	מינה	
*111	אפילו	
*112	הכי	
*113	זילא	
114	ביה	
*115	מילתא	
116	ת"ש	
117	שאלו	
118	את	
119	ר"א	
*120	עד	
*121	היכן	
122	כיבוד	

123	אב	
124	ואם	
125	אמר	
126	להם	
127	כדי	
128	שיטול	
129	ארנקי	
130	ויזרקנו	
131	לים	
132	בפניו	
133	ואינו	
134	מכלימו	
135	ואי	
136	אמרת	
137	משל	
138	אב	
139	מאי	
140	נפקא	
141	לי'	
142	מיניה	
143	בראוי	
144	ליורשו	
145	וכי	
146	הא	
147	דרבה	
148	בר	
149	רב	

150	הונא	
151	דרב	
152	הונא	
153	קרע	
154	שיראי	
155	באנפי	
156	ובה	
157	בריה	
158	אמר	
159	איזול	
*160	איחזי	
161	אי	
*162	רתח	
163	אי	
164	לא	
165	רתח	
166	ודלמא	
167	רתח	
*168	וקעבר	
*169	אלפני	
*170	עור	
*171	לא	
*172	תתן	
*173	מכשול	
*174	דמחיל	
175	ליה	
*176	ליקריה	

177	והא	
178	קעבר	
179	משום	
180*	בל	
181*	תשחית	
182	דעבד	
183	ליה	
184	בפומביייני	
185*	ודילמא	
186	משום	
187	הכי	
188	לא	
189	רתח	
190	דעבד	
191	ליה	
192	בשעת	
193	ריתחיה	

דברים פרק יד

(כב) עַשֵּׂר תְּעַשֵּׂר אֵת כָּל תְּבוּאַת זַרְעֶךָ הַיֹּצֵא הַשָּׂדֶה שָׁנָה שָׁנָה׃ (כג) וְאָכַלְתָּ לִפְנֵי יְקֹוָק אֱלֹהֶיךָ בַּמָּקוֹם
אֲשֶׁר יִבְחַר לְשַׁכֵּן שְׁמוֹ שָׁם מַעְשַׂר דְּגָנְךָ תִּירֹשְׁךָ וְיִצְהָרֶךָ וּבְכֹרֹת בְּקָרְךָ וְצֹאנֶךָ לְמַעַן תִּלְמַד לְיִרְאָה אֶת יְקֹוָק
אֱלֹהֶיךָ כָּל הַיָּמִים׃ (כד) וְכִי יִרְבֶּה מִמְּךָ הַדֶּרֶךְ כִּי לֹא תוּכַל שְׂאֵתוֹ כִּי יִרְחַק מִמְּךָ הַמָּקוֹם אֲשֶׁר יִבְחַר יְקֹוָק
אֱלֹהֶיךָ לָשׂוּם שְׁמוֹ שָׁם כִּי יְבָרֶכְךָ יְקֹוָק אֱלֹהֶיךָ׃ (כה) וְנָתַתָּה בַּכָּסֶף וְצַרְתָּ הַכֶּסֶף בְּיָדְךָ וְהָלַכְתָּ אֶל הַמָּקוֹם
אֲשֶׁר יִבְחַר יְקֹוָק אֱלֹהֶיךָ בּוֹ׃ (כו) וְנָתַתָּה הַכֶּסֶף בְּכֹל אֲשֶׁר תְּאַוֶּה נַפְשְׁךָ בַּבָּקָר וּבַצֹּאן וּבַיַּיִן וּבַשֵּׁכָר וּבְכֹל
אֲשֶׁר תִּשְׁאָלְךָ נַפְשֶׁךָ וְאָכַלְתָּ שָּׁם לִפְנֵי יְקֹוָק אֱלֹהֶיךָ וְשָׂמַחְתָּ אַתָּה וּבֵיתֶךָ׃ (כז) וְהַלֵּוִי אֲשֶׁר בִּשְׁעָרֶיךָ לֹא
תַעַזְבֶנּוּ כִּי אֵין לוֹ חֵלֶק וְנַחֲלָה עִמָּךְ׃ **ס** (כח) מִקְצֵה שָׁלֹשׁ שָׁנִים תּוֹצִיא אֶת כָּל מַעְשַׂר תְּבוּאָתְךָ בַּשָּׁנָה
הַהִוא וְהִנַּחְתָּ בִּשְׁעָרֶיךָ׃ (כט) וּבָא הַלֵּוִי כִּי אֵין לוֹ חֵלֶק וְנַחֲלָה עִמָּךְ **וְהַגֵּר וְהַיָּתוֹם** וְהָאַלְמָנָה אֲשֶׁר בִּשְׁעָרֶיךָ
וְאָכְלוּ וְשָׂבֵעוּ לְמַעַן יְבָרֶכְךָ יְקֹוָק אֱלֹהֶיךָ בְּכָל מַעֲשֵׂה יָדְךָ אֲשֶׁר תַּעֲשֶׂה׃ ס

<u>רש"י</u> **(כט) והגר והיתום** - ויטלו מעשר שני, שהוא של עני של שנה זו, ולא תאכלנו אתה בירושלים כדרך שנזקקת לאכול מעשר שני של שתי שנים:

- מעשר שני ______________________________

____

- מעשר עני ______________________________

____

<u>ויקרא פרק כז</u>: (ל) וְכָל מַעְשַׂר הָאָרֶץ מִזֶּרַע הָאָרֶץ מִפְּרִי הָעֵץ לַיקֹוָק הוּא קֹדֶשׁ לַיקֹוָק: (לא) וְאִם גָּאֹל יִגְאַל אִישׁ מִמַּעַשְׂרוֹ **חֲמִשִׁיתוֹ** יֹסֵף עָלָיו:

<u>רש"י:</u> **(לא) ממעשרו** - ולא ממעשר חברו, הפודה מעשר של חברו אין מוסיף חומש. ומה היא גאולתו, כדי להתירו באכילה בכל מקום. והמעות יעלה ויאכל בירושלים, כמו שנאמר (דברים יד כד) ונתת בכסף וגו'

- פדיון מעשר שני - שלו ושל אחרים ______________________________

____

____

____

____

- תרומה גדולה ______________________________

____

- מעשר ראשון ______________________________

____

<u>תוספות מסכת קידושין דף לב. ד"ה אורו</u>

1	משמע	
2	שכך	
3	הלכה	
4	וכן	
5	פסק	
6	בשאלתות	
7	דרב	
8	אחאי	
9	בפרשת	
10	וישמע	
11	ופסק	
12	היכא	
13	דלית	
14	ליה	
15	לאב	
16	ואית	
17	ליה	
18	לבן	
19	חייב	
20	הבן	
21	לזון	
22	אביו	
23	וכן	

24	פסק	
25	ר"י	
26	ור"ח	
27	דאם	
28	אין	
29	לאב	
30	ממון	
31	והבן	
32	יש	
33	לו	
34	דצריך	
35	הבן	
36	לפרנסו	
37	משלו	
38	דלא	
39	יהא	
40	אלא	
41	אחר	
42	כדאמר	
43	בנערה	
44	שנתפתתה	
45	דרב	
46	אכפייה	
47	לההוא	
48	גברא	
49	ואפיק	
50	מיניה	

51	ארבע		
52	מאה		
53	זוזי		
54	לצדקה		
55	ועוד		
56	דאמרינן		
57	בירושלמי		
58	אמר		
59	רבי		
60	יוסי		
61	הלואי		
62	דהויין		
63	כל		
64	שמעתתי		
65	ברירי		
66	לי		
67	כהך		
68	שכופין		
69	את		
70	הבן		
71	לזון		
72	את		
73	אביו		

Achai Gaon was a leading scholar in the period of the Geonim, an 8th-century Talmudist of high renown. He enjoys the distinction of being the first rabbinical author known to history after the close of the Talmud. As he never actually became the Gaon of either of the two academies, the description "Gaon" attached to his name is a misnomer.

The ***Sheiltot***, also known as ***Sheiltot d'Rav Acha*** or ***Sheiltos***, is a collection of homilies (at once learned and popular) on Jewish law and ethics. The whole character of the "Sheiltot" is Palestinian; and, as such, they are quite distinct from the contemporary synopses of Yehudai Gaon and Simeon Kayyara, which confine themselves to important decisions of the Talmud, with the omission of all discussions, and with the addition of short elucidations of words.

Aḥa's method is quite different from that of the Babylonian rabbis, who, caring little for the instruction of the common people, wrote scholastically. The *Sheiltot,* on the contrary, were written for thoughtful laymen. Aḥa's treatises upon Biblical and rabbinical precepts, numbering 190 or 191 (see Mendelsohn, l.c. 59), with additions from later writers, were written with special reference to the practice of such moral duties as benevolence, love, respect for parents, and love of truth. They are based upon the order of the parashot, the weekly readings from the Law.

(from Wikipedia)

כבוד אבי אביו ו"אתה ואבא חייבים"

<u>מסכת קידושין דף לב.</u>

1	אלעזר		
2	בן		
3	מתיא		
4	אומר		
5	אבא		
6	אומר		
7	השקיני		
8	מים		
9	ומצוה		
10	לעשות		
*11	מניח		
12	אני		
13	כבוד		
14	אבא		
15	ועושה		
16	את		
17	המצוה		
18	שאני		
19	ואבא		
20	חייבים		
21	במצוה		
22	איסי		
23	בן		
24	יהודה		
25	אומר		
26	אם		
*27	אפשר		

		למצוה	28
		ליעשות	29
		ע"י	*30
		אחרים	31
		תיעשה	32
		על	33
		ידי	34
		אחרים	35
		וילך	36
		הוא	37
		בכבוד	38
		אביו	39
		אמר	40
		רב	41
		מתנה	42
		הלכה	43
		כאיסי	44
		בן	45
		יהודה	46

<u>שולחן ערוך יורה דעה סימן רמ סעיף כד</u>

הגה: י"א דאין אדם חייב בכבוד אבי אביו (מהרי"ק שורש מ"ד /ל"/). ואינו נ"ל, אלא דחייב בכבוד אביו יותר מכבוד אבי אביו (וראיה ממדרש גבי ויזבח זבחים וגו' (בראשית מו, א)).

- איך פסק המהריק? ____

____

____

- איך פסק הרמ"א? ____

____

____

  - למה / מהו המקור של הרמ"א? ____

____

____

<u>בראשית פרק מו</u>

(א) וַיִּסַּע יִשְׂרָאֵל וְכָל אֲשֶׁר לוֹ וַיָּבֹא בְּאֵרָה שָּׁבַע וַיִּזְבַּח זְבָחִים לֵאלֹהֵי אָבִיו יִצְחָק:

<u>רש"י:</u> **לאלהי אביו יצחק** - חייב אדם בכבוד אביו יותר מבכבוד זקנו לפיכך תלה ביצחק ולא באברהם:

<u>שו"ת רבי עקיבא איגר מהדורה קמא סימן סח</u>

כתב בספר "לוית חן" (פרשת ויגש) בפסוק "ויזבח זבחים לאלוקי אביו" לחלק, דבחיי אביו מחוייב בכיבוד אבי אביו יותר מכיבוד אביו, דאתה ואביך חייבים וכו', אבל לאחר מיתת אביו לא

- מה פסק הלוית חן ומאיפה גמרא למד את זה? ____

____

____

מחילה

מסכת קידושין דף לב. משורה 5 מסוף העמוד

1	א"ר	
2	יצחק	
3	בר	
4	שילא	
5	א"ר	
6	מתנה	
7	אמר	
8	רב	
9	חסדא	
10	האב	
*11	שמחל	
12	על	
13	כבודו	
14	כבודו	
*15	מחול	
16	הרב	
17	שמחל	
18	על	
19	כבודו	
20	אין	
21	כבודו	
22	מחול	
23	ורב	
24	יוסף	
25	אמר	

26*	אפי'	
27	הרב	
28	שמחל	
29	על	
30	כבודו	
31	כבודו	
32	מחול	
33	שנאמר	
34	וה'	
35	הולך	
36	לפניהם	
37	יומם	
38	אמר	
39	רבא	
40*	הכי	
41*	השתא	
42*	התם	
43	הקדוש	
44	ב"ה	
45	עלמא	
46*	דיליה	
47	הוא	
48	ותורה	
49	דיליה	
50	היא	
51	מחיל	
52	ליה	

53	ליקריה	

<u>מסכת קידושין דף לב:</u>

1*	הכא	
2	תורה	
3	דיליה	
4	היא	
5*	הדר	
6	אמר	
7	רבא	
8*	אִין	
9	תורה	
10	דיליה	
11	היא	
12	דכתיב	
13	ובתורתו	
14*	יהגה	
15	יומם	
16	ולילה	
17*	איני	
18	והא	
19	רבא	
20	משקי	
21	בי	
22	הלולא	
23	דבריה	
24	ודל	
25	ליה	

26	כסא	
27	לרב	
28	פפא	
29	ולרב	
30	הונא	
31	בריה	
32	דרב	
33	יהושע	
34	וקמו	
35	מקמיה	
36	לרב	
37	מרי	
38	ולרב	
39	פנחס	
40	בריה	
41	דרב	
42	חסדא	
43	ולא	
44	קמו	
45	מקמיה	
46*	איקפד	
47	ואמר	
48	הנו	
49	רבנן	
50	רבנן	
51	והנו	
52	רבנן	

*53	לאו	
54	רבנן	
*55	ותו	
56	רב	
57	פפא	
58	הוה	
59	משקי	
60	בי	
61	הלולא	
62	דאבא	
63	מר	
64	בריה	
65	ודלי	
66	ליה	
67	כסא	
68	לר'	
69	יצחק	
70	בריה	
71	דרב	
72	יהודה	
73	ולא	
74	קם	
75	מקמיה	
76	ואיקפד	
77	אפ"ה	
*78	הידור	
*79	מיעבד	

80	ליה	
*81	בעו	
82	אמר	
83	רב	
84	אשי	
85	אפילו	
*86	למ"ד	
87	הרב	
88	שמחל	
89	על	
90	כבודו	
91	כבודו	
92	מחול	
93	נשיא	
94	שמחל	
95	על	
96	כבודו	
97	אין	
98	כבודו	
99	מחול	
100	מיתיבי	
101	מעשה	
102	ברבי	
103	אליעזר	
104	ורבי	
105	יהושע	
106	ורבי	

107	צדוק	
108	שהיו	
109	מסובין	
110	בבית	
111	המשתה	
112	בנו	
113	של	
114	רבן	
115	גמליאל	
116	והיה	
117	רבן	
118	גמליאל	
119	עומד	
120	ומשקה	
121	עליהם	
122	נתן	
123	הכוס	
124	לר'	
125	אליעזר	
126	ולא	
*127	נטלו	
128	נתנו	
129	לר'	
130	יהושע	
131	וקיבלו	
132	אמר	
133	לו	

134	רבי	
135	אליעזר	
136	מה	
137	זה	
138	יהושע	
139	אנו	
140	יושבין	
141	ורבן	
142	גמליאל	
143	(ברבי)	
144	מסורת הש"ס: [דרבי]	
145	עומד	
146	ומשקה	
147	עלינו	
148	אמר	
149	ליה	
150	מצינו	
151	גדול	
152	ממנו	
153	ששמש	
154	(אברהם	
155	גדול	
156	ממנו	
157	ושמש)	
158	אברהם	
159	גדול	
160	הדור	

161	היה	
162	וכתוב	
163	בו	
164	והוא	
165	עומד	
166	עליהם	
167	ושמא	
168	תאמרו	
169	כמלאכי	
170	השרת	
171	נדמו	
172	לו	
173	לא	
174	נדמו	
175	לו	
176	אלא	
177	לערביים	
178	ואנו	
179	לא	
180	יהא	
181	רבן	
182	גמליאל	
183	ברבי	
184	עומד	
185	ומשקה	
186	עלינו	
187	אמר	

188	להם	
189	רבי	
190	צדוק	
191	עד	
192	מתי	
193	אתם	
194	מניחים	
195	כבודו	
196	של	
197	מקום	
198	ואתם	
199*	עוסקים	
200*	בכבוד	
201*	הבריות	
202	הקדוש	
203	ברוך	
204	הוא	
205	משיב	
206	רוחות	
207	ומעלה	
208	נשיאים	
209	ומוריד	
210	מטר	
211	ומצמיח	
212	אדמה	
213	ועורך	
214	שולחן	

215	לפני	
216	כל	
217	אחד	
218	ואחד	
219	ואנו	
220	לא	
221	יהא	
222	רבן	
223	גמליאל	
224	ברבי	
225	עומד	
226	ומשקה	
227	עלינו	
228	אלא	
229*	אי	
230*	איתמר	
231*	הכי	
232*	איתמר	
233	אמר	
234	רב	
235	אשי	
236	אפילו	
237	למ"ד	
238	נשיא	
239	שמחל	
240	על	
241	כבודו	

242	כבודו		
243	מחול		
244	מלך		
245	שמחל		
246	על		
247	כבודו		
248	אין		
249	כבודו		
250	מחול		
251	שנאמר		
252	שום		
253	תשים		
254	עליך		
255	מלך		
256	שתהא		
257	אימתו		
258	עליך		

ר"ן על הרי"ף מסכת קידושין דף יג:

רבנן. אתם חכמים וחשובין בעיניכם שלא עמדתם מפני ורבנן חביריכם דקמו מקמאי לאו רבנן נינהו ובלשון תימה א"ל ומדאיקפד משמע דהידור מיהא בעו למיעבד דאי לא כיון שהיה יכול למחול לא היה לו להקפיד:

שולחן ערוך יורה דעה הלכות כבוד אב ואם סימן רמ איזהו כבוד ואיזה מורא ודיניהם, ובו כ"ה סעיפים.

סעיף א: צריך ליזהר מאד בכבוד אביו ואמו ובמוראם.

סעיף ב: איזה מורא, לא יעמוד במקומו המיוחד לו לעמוד שם בסוד זקנים עם חביריו, או מקום המיוחד לו להתפלל; ולא ישב במקום המיוחד לו להסב בביתו; ולא סותר את דבריו ולא מכריע את דבריו בפניו, אפילו לומר נראין דברי אבא; ולא יקראנו בשמו, לא בחייו ולא במותו, אלא אומר: אבא מארי. היה שם אביו כשם אחרים, משנה שמם, אם הוא שם שהוא פלאי שאין הכל רגילים לקרות בו. אבל שם שרגילין בו מותר לקרות אחרים שלא בפניו (טור).

סעיף ג: עד היכן מוראם, היה הבן לבוש חמודות ויושב בראש הקהל, ובאו אביו ואמו וקרעו בגדיו והכוהו על ראשו וירקו בפניו, לא יכלים אותם אלא ישתוק ויירא מן מלך מלכי המלכים שציוהו בכך.

סעיף ד: איזהו כבוד, מאכילו ומשקהו, מלביש ומכסה, מכניס ומוציא. ויתננו לו בסבר פנים יפות, שאפילו מאכילו בכל יום פטומות והראה לו פנים זועפות, נענש עליו. **הגה**: וכן להיפך, אם מטחין אביו ברחיים, וכוונתו לטובה כדי שינצל אביו מדבר קשה יותר מזה, ומדבר פיוסים על לב אביו ומראה לו שכוונתו לטובה עד שיתרצה אביו לטחון ברחיים, נוחל עולם הבא (גמרא ורש"י פ"ק דקדושין וירושלמי). וישמשנו בשאר דברים שהשמש משמש רבו.

סעיף ה: זה שמאכילו ומשקהו, משל אב ואם, אם יש לו. ואם אין לאב, ויש לבן, כופין אותו וזן אביו כפי מה שהוא יכול. ואם אין לבן, אינו חייב לחזר על הפתחים להאכיל את אביו. **הגה**: וי"א דאינו חייב ליתן לו רק מה שמיחייב ליתן לצדקה (כן כתב הב"י דנראה כן מדברי הרי"ף והרא"ש, וכ"כ הר"ן פ"ק דקידושין). ומ"מ אם ידו משגת, תבא מארה למי שמפרנס אביו ממעות צדקה שלו (הגהות מרדכי דב"ב ובהגהות פ"ק דב"מ ובחידושי אגודה). ואם יש לו בנים רבים, מחשבים לפי ממון שלהם, ואם מקצתן עשירים ומקצתן עניים, מחויבים העשירים לבד. (תשובת מיימוני הלכות ממרים בשם מוהר"ם והביאה הבית יוסף). אבל חייב לכבדו בגופו, אף על פי שמתוך כך בטל ממלאכתו ויצטרך לחזר על הפתחים. ודוקא דאית לבן מזונות לאיתזוני ההוא יומא, אבל אי לית ליה, לא מיחייב לבטל ממלאכתו ולחזור על הפתחים.

סעיף ו: היה צריך על שום דבר בעיר, ויודע שישלימו חפצו בשביל אביו, אף על פי שיודע שגם כן יעשו בשבילו, לא יאמר: עשו לי דבר פלוני בשבילי, אלא יאמר עשו בשביל אבא, כדי לתלות הכבוד באביו.

סעיף ז: חייב לעמוד מפני אביו. ואם האב תלמיד בנו, כל אחד מהם עומד מפני השני. **הגה**: ואם הבן רוצה למחול על כבודו, לשמש אביו, הרשות בידו, דהא הרב שמחל על כבודו כבודו מחול. ודוקא בצנעא, או אפילו בפרהסיא ודש בעירו שהכל יודעים שהוא אביו, אבל אם הבן גדול בתורה ואין אביו דש בעירו, איכא למיחש לבזיון התורה אם יתבזה הבן לפני האב, ויש להם להרחיק זה מזה שלא יקל שום אחד בכבודו לפני חבירו (הכל סברת הרב); וכן עשה מוהר"ם עם אביו.

סעיף ח: עד היכן כיבוד אב ואם, אפילו נטלו כיס של זהובים שלו והשליכו בפניו לים, לא יכלימם ולא יצער בפניהם ולא יכעוס כנגדם, אלא יקבל גזירת הכתוב וישתוק. **הגה**: ויש אומרים דאם רוצה לזרוק מעות של בן לים דיכול למונעו, דהא אינו חייב לכבדו רק משל אב, אבל לא משל בן (טור בשם ר"י). ואין חילוק בין לכבדו או לצערו (ת"ה סימן מ'). ודוקא קודם שזרקן, דאפשר דממנע ולא עביד, אבל אם כבר זרקוהו, אסור לאכלומיה אבל יוכל לתבעו לדינא (טור בשם הרא"ש). ודוקא אם רוצה לזרוק כיסו לים, דאית ביה חסרון כיס, אבל אם רוצה להעביר ממנו ריוח בעלמא, אסור בכל ענין (ר"ן פ"ק דקדושין). בן שיש לו דין עם אביו, והאב הוא תובע הבן, צריך הבן לילך אחר אביו אף על פי שהבן הוא נתבע ודר בעיר אחרת, שזהו כבוד אביו. אבל האב חייב לשלם לבן הוצאות, דאינו חייב לכבדו משל בן (במהרי"ק שורש נ"ח), כמו שנתבאר.

סעיף ט: חייב לכבדו אפילו אחר מותו. כיצד, היה אומר דבר שמועה מפיו, אומר: כך אמר אבא מארי הריני כפרת משכבו, אם הוא תוך שנים עשר חדש, ואם הוא לאחר שנים עשר חדש, אומר: זכרונו לברכה. **הגה**: ואין חילוק בין אם לאב בכל זה (מהרי"ל סימן כ"ז /כ"ד/). יש אומרים דאם כותב תוך שנים עשר חודש דבר ומזכיר אביו, א"צ לכתוב הריני כפרת משכבו אלא זכרונו לברכה, דהא כתיבתו מתקיימת לאחר שנים עשר חודש (הג' באלפס פ"ק דקדושין), ויש מחמירים אפילו בכתיבה (בנ"י ושאר מחברים וכ"מ בב"י סוף סי' רמ"ב בשם רשב"ץ ותשובת ן' חביב רס"ד), וכן נוהגין.

סעיף יא: ראה אביו שעבר על דברי תורה, לא יאמר לו: עברת על דברי תורה, אלא יאמר לו: אבא כתוב בתורה כך וכך, כאילו הוא שואל ממנו ולא כמזהירו, והוא יבין בעצמו ולא יתבייש. ואם היה אומר שמועה בטעות, לא יאמר לו: לא תתני הכי.

סעיף יב: אמר לו אביו: השקני מים, ויש לפניו לעשות מצוה עוברת כגון קבורת מת או לויה, אם אפשר למצוה שתעשה ע"י אחרים, יעסוק בכבוד אביו. ואם התחיל במצוה תחלה, יגמור, דהעוסק במצוה פטור מן המצוה (ב"י בשם הר"ן). ואם אין שם אחרים לעשות, יעסוק במצוה ויניח כבוד אביו. (מיהו אם אין זמן המצוה עוברת, יעסוק בכבוד אביו ואח"כ יעשה המצוה) (רבינו ירוחם נתיב א' בשם רא"ש).

סעיף טז: האב שצוה את בנו שלא ידבר עם פלוני ושלא ימחול לו עד זמן קצוב, והבן היה רוצה להתפייס מיד לולי צוואת אביו, אין לו לחוש לצוואתו.

סעיף כא: חייב אדם לכבד אשת אביו, אף ע"פ שאינה אמו, כל זמן שאביו קיים. וחייב לכבד בעל אמו, כל זמן שאמו קיימת. אבל לאחר מיתה, אינו חייב בכבודם. ומכל מקום דבר הגון לכבדם אף לאחר מיתה.

סעיף כד: חייב אדם לכבד חמיו. **הגה:** י"א דאין אדם חייב בכבוד אבי אביו (מהרי"ק שורש מ"ד /ל"/). ואינו נ"ל, אלא דחייב בכבוד אביו יותר מכבוד אבי אביו (וראיה ממדרש גבי ויזבח זבחים וגו' (בראשית מו, א)).

סעיף כה: אם האב רוצה לשרת את הבן, מותר לקבל ממנו אלא א"כ האב בן תורה. תלמיד שרוצה ללכת למקום אחר, שהוא בוטח שיראה סימן ברכה בתלמודו לפני הרב ששם, ואביו מוחה בו לפי שדואג שבאותה העיר העובדי כוכבים מעלילים, אינו צריך לשמוע לאביו בזה. הגה: וכן אם האב מוחה בבן לישא איזו אשה שיחפוץ בה הבן, א"צ לשמוע אל האב (מהרי"ק שורש קס"ז /קס"ו/).

<u>**שולחן ערוך יורה דעה הלכות כבוד רבו ותלמיד חכם סימן רמב**</u>

סעיף לב: הרב המובהק שמחל על כבודו בכל הדברים האלו, או באחד מהם, לכל תלמידיו או לאחד מהם, כבודו מחול. ואף על פי שמחל, מצוה על התלמיד להדרו. (ואסור לבזותו). (פסקי מהרא"י סימן קכ"ז).

כבוד זקנים: דף לב:-לג.

<u>**שולחן ערוך יורה דעה הלכות כבוד רבו ותלמיד חכם סימן רמד**</u>

קימה והידור בפני חכם אפילו אינו רבו, ובו י"ח סעיפים.

סעיף א: מצות עשה לקום מפני כל חכם, אפילו אינו זקן אלא יניק וחכים, ואפי' אינו רבו, (רק שהוא גדול ממנו וראוי ללמוד ממנו). (טור בשם הרמב"ם ור"ן פ"ק דקדושין). וכן מצוה לקום מפני שיבה, דהיינו בן שבעים שנה, (אפילו הוא עם הארץ, ובלבד שלא יהיה רשע). (ב"י בשם התוספות ובהגהות מיי' פ"ו ומרדכי פ"ק דקדושין ור' ירוחם ור"ן ור"ת).

סעיף ו: אין ראוי לחכם שיטריח על הצבור לכוין לעבור לפניהם שיעמדו מפניו, אלא ילך לו בדרך קצרה, כדי שלא ירבו לעמוד. ואם יוכל להקיף הדרך כדי שלא יעבור לפניהם, זכות הוא לו.

סעיף ז: אפילו חכם שהוא ילד, עומד בפני הזקן המופלג בזקנה. ואינו חייב לעמוד מלא קומתו, אלא כדי להדרו. ואפילו זקן גוי, מהדרים אותו בדברים ונותנים לו יד לסומכו.

Summary Shiurim of Kibud Av VaEm:

מצות התלויות בארץ

מסכת קידושין דף לו:

1	**מתני'**	
2	כל	
3	מצוה	
4	שהיא	
*5	תלויה	
6	בארץ	
7	אינה	
*8	נוהגת	
9	אלא	
10	בארץ	
11	ושאינה	
12	תלויה	
13	בארץ	
14	נוהגת	
*15	בין	
16	בארץ	
17	בין	
*18	בחוצה	
19	לארץ	
20	**[דף לז.]**	
21	חוץ	
22	מן	
*23	הערלה	
*24	וכלאים	

25	ר"א		
26	אומר		
27	אף		
28*	החדש		
29			
30	**גמ'**		
31*	מאי		
32	תלויה		
33	ומאי		
34	שאינה		
35	תלויה		
36*	אילימא		
37	תלויה		
38	דכתיב		
39	בה		
40	ביאה		
41	ושאינה		
42	תלויה		
43	דלא		
44	כתיב		
45	בה		
46	ביאה		
47	והרי		
48	תפילין		
49	ופטר		
50	חמור		
51	דכתיב		

52	בהן	
53	ביאה	
54	ונוהגין	
55	בין	
56	בארץ	
57	בין	
58	בח"ל	
59	אמר	
60	רב	
61	יהודה	
62*	ה"ק	
63	כל	
64	מצוה	
65	שהיא	
66*	חובת	
67*	הגוף	
68	נוהגת	
69	בין	
70	בארץ	
71	בין	
72	בח"ל	
73	חובת	
74*	קרקע	
75	אינה	
76	נוהגת	
77	אלא	
78	בארץ	

*79	מנה"מ	
80	דת"ר	
81	אלה	
82	החוקים	
83	אלו	
84	המדרשות	
85	והמשפטים	
86	אלו	
87	הדינים	
88	אשר	
89	תשמרון	
90	זו	
91	משנה	
92	לעשות	
93	זו	
94	מעשה	
95	בארץ	
*96	יכול	
97	כל	
98	המצות	
99	כולן	
100	לא	
101	יהו	
102	נוהגים	
103	אלא	
104	בארץ	
105	ת"ל	

106	כל	
107	הימים	
108	אשר	
109	אתם	
110	חיים	
111	על	
112	האדמה	
113*	אי	
114	כל	
115	הימים	
116	יכול	
117	יהו	
118	נוהגים	
119	בין	
120	בארץ	
121	בין	
122	בח"ל	
123	ת"ל	
124	בארץ	
125	אחר	
126*	שריבה	
127	הכתוב	
128*	ומיעט	
129	צא	
130	ולמד	
131	ממה	
132	שאמור	

133	בענין	
134*	אבד	
135	תאבדון	
136	את	
137	כל	
138	המקומות	
139	אשר	
140	עבדו	
141	שם	
142	וגו'	
143*	מה	
144	עבודת	
145	כוכבים	
146*	מיוחדת	
147	שהיא	
148	חובת	
149	הגוף	
150	ונוהגת	
151	בין	
152	בארץ	
153	בין	
154	בחוץ	
155	לארץ	
156	אף	
157	כל	
158	שהיא	
159	חובת	

160	הגוף		
161	נוהגת		
162	בין		
163	בארץ		
164	בין		
165	בח"ל		

פרשת בא

<u>**שמחות פרק יג:**</u> (יא) וְהָיָה **כִּי יְבִאֲךָ** יְקֹוָק אֶל אֶרֶץ הַכְּנַעֲנִי כַּאֲשֶׁר נִשְׁבַּע לְךָ וְלַאֲבֹתֶיךָ וּנְתָנָהּ לָךְ:
(יב) וְהַעֲבַרְתָּ כָל פֶּטֶר רֶחֶם לַיקֹוָק וְכָל פֶּטֶר שֶׁגֶר בְּהֵמָה אֲשֶׁר יִהְיֶה לְךָ הַזְּכָרִים לַיקֹוָק: (יג) וְכָל
פֶּטֶר חֲמֹר תִּפְדֶּה בְשֶׂה וְאִם לֹא תִפְדֶּה וַעֲרַפְתּוֹ וְכֹל בְּכוֹר אָדָם בְּבָנֶיךָ תִּפְדֶּה: (יד) וְהָיָה כִּי יִשְׁאָלְךָ
בִנְךָ מָחָר לֵאמֹר מַה זֹּאת וְאָמַרְתָּ אֵלָיו בְּחֹזֶק יָד הוֹצִיאָנוּ יְקֹוָק מִמִּצְרַיִם מִבֵּית עֲבָדִים: (טו) וַיְהִי כִּי
הִקְשָׁה פַרְעֹה לְשַׁלְּחֵנוּ וַיַּהֲרֹג יְקֹוָק כָּל בְּכוֹר בְּאֶרֶץ מִצְרַיִם מִבְּכֹר אָדָם וְעַד בְּכוֹר בְּהֵמָה עַל כֵּן אֲנִי
זֹבֵחַ לַיקֹוָק כָּל פֶּטֶר רֶחֶם הַזְּכָרִים וְכָל בְּכוֹר בָּנַי אֶפְדֶּה: (טז) וְהָיָה **לְאוֹת עַל יָדְכָה וּלְטוֹטָפֹת בֵּין**
עֵינֶיךָ כִּי בְּחֹזֶק יָד הוֹצִיאָנוּ יְקֹוָק מִמִּצְרָיִם: ס

פרשת ראה

<u>**דברים פרק יא:**</u> (כו) רְאֵה אָנֹכִי נֹתֵן לִפְנֵיכֶם הַיּוֹם בְּרָכָה וּקְלָלָה: (כז) אֶת הַבְּרָכָה אֲשֶׁר תִּשְׁמְעוּ אֶל
מִצְוֹת יְקֹוָק אֱלֹהֵיכֶם אֲשֶׁר אָנֹכִי מְצַוֶּה אֶתְכֶם הַיּוֹם: (כח) וְהַקְּלָלָה אִם לֹא תִשְׁמְעוּ אֶל מִצְוֹת יְקֹוָק
אֱלֹהֵיכֶם וְסַרְתֶּם מִן הַדֶּרֶךְ אֲשֶׁר אָנֹכִי מְצַוֶּה אֶתְכֶם הַיּוֹם לָלֶכֶת אַחֲרֵי אֱלֹהִים אֲחֵרִים אֲשֶׁר לֹא יְדַעְתֶּם:
... (לא) כִּי אַתֶּם עֹבְרִים אֶת הַיַּרְדֵּן לָבֹא לָרֶשֶׁת אֶת הָאָרֶץ אֲשֶׁר יְקֹוָק אֱלֹהֵיכֶם נֹתֵן לָכֶם וִירִשְׁתֶּם אֹתָהּ
וִישַׁבְתֶּם בָּהּ: (לב) וּשְׁמַרְתֶּם לַעֲשׂוֹת אֵת כָּל הַחֻקִּים וְאֶת הַמִּשְׁפָּטִים אֲשֶׁר אָנֹכִי נֹתֵן לִפְנֵיכֶם הַיּוֹם:
[פרק יב] (א) **אֵלֶּה הַחֻקִּים וְהַמִּשְׁפָּטִים אֲשֶׁר תִּשְׁמְרוּן לַעֲשׂוֹת בָּאָרֶץ אֲשֶׁר נָתַן יְקֹוָק אֱלֹהֵי אֲבֹתֶיךָ**
לְךָ לְרִשְׁתָּהּ כָּל הַיָּמִים אֲשֶׁר אַתֶּם חַיִּים עַל הָאֲדָמָה: (ב) אַבֵּד תְּאַבְּדוּן אֶת כָּל הַמְּקֹמוֹת אֲשֶׁר עָבְדוּ
שָׁם הַגּוֹיִם אֲשֶׁר אַתֶּם יֹרְשִׁים אֹתָם אֶת אֱלֹהֵיהֶם עַל הֶהָרִים הָרָמִים וְעַל הַגְּבָעוֹת וְתַחַת כָּל עֵץ רַעֲנָן:
(ג) וְנִתַּצְתֶּם אֶת מִזְבְּחֹתָם וְשִׁבַּרְתֶּם אֶת מַצֵּבֹתָם וַאֲשֵׁרֵיהֶם תִּשְׂרְפוּן בָּאֵשׁ וּפְסִילֵי אֱלֹהֵיהֶם תְּגַדֵּעוּן
וְאִבַּדְתֶּם אֶת שְׁמָם מִן הַמָּקוֹם הַהוּא: (ד) לֹא תַעֲשׂוּן כֵּן לַיקֹוָק אֱלֹהֵיכֶם: (ה) כִּי אִם אֶל הַמָּקוֹם אֲשֶׁר
יִבְחַר יְקֹוָק אֱלֹהֵיכֶם מִכָּל שִׁבְטֵיכֶם לָשׂוּם אֶת שְׁמוֹ שָׁם לְשִׁכְנוֹ תִדְרְשׁוּ וּבָאתָ שָׁמָּה

פרשת עקב

<u>דברים פרק יא:</u> (יג) וְהָיָה אִם שָׁמֹעַ תִּשְׁמְעוּ אֶל מִצְוֹתַי אֲשֶׁר אָנֹכִי מְצַוֶּה אֶתְכֶם הַיּוֹם לְאַהֲבָה אֶת
יְקֹוָק אֱלֹהֵיכֶם וּלְעָבְדוֹ בְּכָל לְבַבְכֶם וּבְכָל נַפְשְׁכֶם: (יד) וְנָתַתִּי מְטַר אַרְצְכֶם בְּעִתּוֹ יוֹרֶה וּמַלְקוֹשׁ וְאָסַפְתָּ
דְגָנֶךָ וְתִירֹשְׁךָ וְיִצְהָרֶךָ: (טו) וְנָתַתִּי עֵשֶׂב בְּשָׂדְךָ לִבְהֶמְתֶּךָ וְאָכַלְתָּ וְשָׂבָעְתָּ: (טז) הִשָּׁמְרוּ לָכֶם פֶּן יִפְתֶּה
לְבַבְכֶם וְסַרְתֶּם וַעֲבַדְתֶּם אֱלֹהִים אֲחֵרִים וְהִשְׁתַּחֲוִיתֶם לָהֶם: (יז) וְחָרָה אַף יְקֹוָק בָּכֶם וְעָצַר אֶת הַשָּׁמַיִם
וְלֹא יִהְיֶה מָטָר וְהָאֲדָמָה לֹא תִתֵּן אֶת יְבוּלָהּ וַאֲבַדְתֶּם מְהֵרָה מֵעַל הָאָרֶץ הַטֹּבָה אֲשֶׁר יְקֹוָק נֹתֵן לָכֶם:
(יח) **וְשַׂמְתֶּם אֶת דְּבָרַי אֵלֶּה** עַל לְבַבְכֶם וְעַל נַפְשְׁכֶם וּקְשַׁרְתֶּם אֹתָם לְאוֹת עַל יֶדְכֶם וְהָיוּ לְטוֹטָפֹת
בֵּין עֵינֵיכֶם: (יט) וְלִמַּדְתֶּם אֹתָם אֶת בְּנֵיכֶם לְדַבֵּר בָּם בְּשִׁבְתְּךָ בְּבֵיתֶךָ וּבְלֶכְתְּךָ בַדֶּרֶךְ וּבְשָׁכְבְּךָ
וּבְקוּמֶךָ: (כ) וּכְתַבְתָּם עַל מְזוּזוֹת בֵּיתֶךָ וּבִשְׁעָרֶיךָ: (כא) לְמַעַן יִרְבּוּ יְמֵיכֶם וִימֵי בְנֵיכֶם עַל הָאֲדָמָה
אֲשֶׁר נִשְׁבַּע יְקֹוָק לַאֲבֹתֵיכֶם לָתֵת לָהֶם כִּימֵי הַשָּׁמַיִם עַל הָאָרֶץ: **ס**

(כב) כִּי אִם שָׁמֹר תִּשְׁמְרוּן אֶת כָּל הַמִּצְוָה הַזֹּאת אֲשֶׁר אָנֹכִי מְצַוֶּה אֶתְכֶם לַעֲשֹׂתָהּ לְאַהֲבָה אֶת יְקֹוָק
אֱלֹהֵיכֶם לָלֶכֶת בְּכָל דְּרָכָיו וּלְדָבְקָה בוֹ: (כג) וְהוֹרִישׁ יְקֹוָק אֶת כָּל הַגּוֹיִם הָאֵלֶּה מִלִּפְנֵיכֶם וִירִשְׁתֶּם גּוֹיִם
גְּדֹלִים וַעֲצֻמִים מִכֶּם: (כד) כָּל הַמָּקוֹם אֲשֶׁר תִּדְרֹךְ כַּף רַגְלְכֶם בּוֹ לָכֶם יִהְיֶה מִן הַמִּדְבָּר וְהַלְּבָנוֹן מִן
הַנָּהָר נְהַר פְּרָת וְעַד הַיָּם הָאַחֲרוֹן יִהְיֶה גְּבֻלְכֶם: (כה) לֹא יִתְיַצֵּב אִישׁ בִּפְנֵיכֶם פַּחְדְּכֶם וּמוֹרַאֲכֶם יִתֵּן
יְקֹוָק אֱלֹהֵיכֶם עַל פְּנֵי כָל הָאָרֶץ אֲשֶׁר תִּדְרְכוּ בָהּ כַּאֲשֶׁר דִּבֶּר לָכֶם: **ס**

<u>רמב"ן דברים פרק יא פסוק יח</u>

(יח) **ושמתם את דברי אלה** - אף לאחר שתגלו היו מצוינין במצות, הניחו תפילין עשו מזוזה, כדי שלא יהו עליכם חדשים כשתחזרו, וכן הוא אומר (שם שם כ) הציבי לך ציונים, לשון רש"י.

וכבר כתבתי פירוש הענין, כי המצות האלה חובת הגוף הם, ודינם בכל מקום כמו בארץ, אבל יש בו במדרש הזה סוד עמוק וכבר רמזתי ממנו (ויקרא יח כה).

<u>רמב"ן - בראשית פרק כו פסוק ה</u>

(1)...ואם כן יהיה כל זה בנוי על דעת שהיה אברהם מקיים ומשמר את התורה עד שלא נתנה, וכך אמרו (ב"ר צד ג) בפסוק ויתן להם יוסף עגלות (להלן מה כא), שפירש ממנו בפרשת עגלה ערופה שהיה עוסק בתורה כשם שהיו אבותיו...

(2) ויש לשאול, אם כן איך הקים יעקב מצבה (להלן כח יח) ונשא שתי אחיות, וכדעת רבותינו (ב"ר עד יא) ארבע, ועמרם נשא דודתו (שמות ו כ), ומשה רבינו הקים שתים עשרה מצבה (שם כד ד), והאיך אפשר שיהיו נוהגים היתר בתורה במה שאסר אברהם אביהם על עצמו וקבע לו השם שכר על הדבר, והוא "יצוה את בניו ואת ביתו אחריו" ללכת בדרכיו. וביעקב דרשו (ב"ר עט ו) ששמר את השבת וקבע תחומין. ואפשר שיהיה זה בשבת מפני שהיא שקולה ככל התורה כולה (ירושלמי ברכות פ"א ה"ה), שהיא מעידה על מעשה בראשית:...

(3) והנראה אלי מדעת רבותינו שלמד אברהם אבינו התורה כלה ברוח הקדש ועסק בה ובטעמי מצותיה וסודותיה, ושמר אותה כולה כמי שאינו מצווה ועושה, ושמירתו אותה היה בארץ בלבד, ויעקב בחוצה לארץ נשא האחיות, וכן עמרם, כי המצות משפט אלהי הארץ הן, אף על פי שהוזהרנו בחובת הגוף בכל מקום (קדושין לו ב). וכבר רמזו רבותינו הסוד הזה (בספרי דברים פסקא מג), ואני אעירך בו בעזרת השם (ויקרא יח כה, דברים יא יח). והמצבה מצוה שנתחדשה בזמן ידוע היא, כמו שדרשו (בספרי) באשר שנא ה' אלהיך (דברים טז כב), ששנאה אחר היותה אהובה בימי האבות:

(4) וביוסף דרשו (ב"ר צב ד) שהיה משמר את השבת אפילו במצרים, (5) מפני שהיא שקולה כנגד כל המצות, לפי שהיא עדות על חדוש העולם, והיה עושה כן ללמד את בניו אמונת בריאת העולם להוציא מלבם כונת עבודה זרה ודעות המצרים, וזאת כונתם:

<u>דברים פרק טז:</u> (כא) לֹא תִטַּע לְךָ אֲשֵׁרָה כָּל עֵץ אֵצֶל מִזְבַּח יְקֹוָק אֱלֹהֶיךָ אֲשֶׁר תַּעֲשֶׂה לָּךְ: ס

(כב) וְלֹא תָקִים לְךָ מַצֵּבָה **אֲשֶׁר שָׂנֵא** יְקֹוָק אֱלֹהֶיךָ: ס

<u>רש"י:</u> **אשר שנא** - מזבח אבנים. ומזבח אדמה צוה לעשות, ואת זו שנא כי חק היתה לכנענים. ואף על פי שהיתה אהובה לו בימי האבות עכשיו שנאה, מאחר שעשאוה אלו חק לעבודה זרה:

1. מהי שיטת חז"ל במדרש בקשר לעשיית המצות בזמן האבות?

2. מהי קושיות הרמב"ן על זה?

3. איך פירש הרמב"ן את המדרש?

4. מה הקשה הרמב"ן על עצמו מיוסף?

5. מה תירץ הרמב"ן?

פרשת אחרי מות

<u>ויקרא פרק יח, כד-כה</u>

(כד) אַל תִּטַּמְּאוּ בְּכָל אֵלֶּה (גילוי עריות) כִּי בְכָל אֵלֶּה נִטְמְאוּ הַגּוֹיִם אֲשֶׁר אֲנִי מְשַׁלֵּחַ מִפְּנֵיכֶם: (כה) וַתִּטְמָא הָאָרֶץ וָאֶפְקֹד עֲוֹנָהּ עָלֶיהָ **וַתָּקִא הָאָרֶץ** אֶת יֹשְׁבֶיהָ:

<u>רמב"ן</u>

ותטמא הארץ ואפקוד עונה עליה ותקיא הארץ - החמיר הכתוב בעריות, בעבור הארץ שתטמא בהן ותקיא הנפשות העושות. והנה העריות חובת הגוף ואינן תלויות בארץ,	
אבל סוד הדבר... והענין כי השם הנכבד ברא הכל, ושם כח התחתונים בעליונים, ונתן על כל עם ועם בארצותם לגוייהם כוכב ומזל ידוע כאשר נודע באצטגנינות....	
והנה השם הנכבד הוא אלהי האלהים ואדוני האדונים לכל העולם, אבל ארץ ישראל אמצעות הישוב היא נחלת ה' מיוחדת לשמו, לא נתן עליה מן המלאכים קצין שוטר ומושל בהנחילו אותה לעמו המיחד שמו זרע אוהביו...	

http://www.yutorah.org/lectures/lecture.cfm/836251/Rabbi_Kenny_Schiowitz/Aspiring_With_the_Ramban

שכר מצות וימי הדין

<u>מסכת קידושין דף לט:</u>

דתניא רבי יעקב אומר אין לך כל מצוה ומצוה שכתובה בתורה שמתן שכרה בצדה שאין תחיית המתים תלויה בה בכיבוד אב ואם כתיב "למען יאריכון ימיך ולמען ייטב לך" בשילוח הקן כתיב "למען ייטב לך והארכת ימים" הרי שאמר לו אביו עלה לבירה והבא לי גוזלות ועלה לבירה ושלח את האם ונטל את הבנים ובחזירתו נפל ומת היכן טובת ימיו של זה והיכן אריכות ימיו של זה אלא למען ייטב לך לעולם שכולו טוב ולמען יאריכון ימיך לעולם שכולו ארוך

____

____

____

____

ודלמא לאו הכי הוה ______________________________

ר' יעקב מעשה חזא ______________________________

אמר רב יוסף: אילמלי דרשיה אחר להאי קרא כרבי יעקב בר ברתיה לא חטא ואחר מאי הוא איכא דאמרי כי האי גוונא חזא

____

____

<u>מהרש"א חידושי אגדות מסכת קידושין דף לט:</u>

שכר מצוה בהאי עלמא ליכא כו' הרי שא"ל אביו עלה לבירה כו' ולא תקשי לך מכל היעודים שבתורה דאי אפשר לפרש רק בעולם הזה שאם תשמעו יבואו עליכם כל הברכות והטובות וישבו על אדמתם ובהיפך אם לא תשמעו יבואו כל הקללות ואבדתם מן הארץ **די"ל** לרבי יעקב דמודה דזכות הרבים ומעשיהם הטובים מביאים להם כל הברכות והטובות שנזכרו בתורה גם בעולם הזה וכן בהיפך בחטא הרבים אבל ר' יעקב לא אמר כן אלא ביחיד שמרובה בזכיות אין שכרו רק לעוה"ב דבעוה"ז מריעין לו כדי לזכותו בעוה"ב וכן בהיפך במרובה עונות מטיבין לו בעוה"ז כדי לטורדו בעוה"ב

<u>מסכת קידושין דף מ.</u>

ת"ר לעולם **[דף מ:]** יראה אדם עצמו כאילו חציו חייב וחציו זכאי עשה מצוה אחת אשריו שהכריע עצמו לכף זכות עבר עבירה אחת אוי לו שהכריע את עצמו לכף חובה

מסכת ראש השנה דף טז:

אמר רבי כרוספדאי אמר רבי יוחנן: שלשה ספרים נפתחין בראש השנה, אחד של רשעים גמורין, ואחד של צדיקים גמורין, ואחד של בינוניים.

צדיקים גמורין - נכתבין ונחתמין לאלתר לחיים,

רשעים גמורין - נכתבין ונחתמין לאלתר למיתה,

בינוניים - תלויין ועומדין מראש השנה ועד יום הכפורים. זכו - נכתבין לחיים, לא זכו - נכתבין למיתה.

רמב"ם הלכות תשובה פרק ג

הלכה ג: ...**וכשם** ששוקלין זכיות אדם ועונותיו בשעת מיתתו **כך** בכל שנה ושנה שוקלין עונות כל אחד ואחד מבאי העולם עם זכיותיו ביום טוב של ראש השנה, מי שנמצא צדיק נחתם לחיים, ומי שנמצא רשע נחתם למיתה והבינוני תולין אותו עד יום הכפורים אם עשה תשובה נחתם לחיים ואם לאו נחתם למיתה.

הגהות מיימוניות הלכות תשובה פרק ג הלכה ג

[א] פירשו **התוספות** דחיים אלו פי' לחיי עד ומיתה זו פי' לגיהנם, אבל **הרמב"ן** כתב וז"ל אין אדם נידון בר"ה אלא לענייני העולם הזה וזה שאמר לחיים ולמיתה אינם בימים בלבד אלא כל העונשים שבעולם הזה נגעים ומיתת בנים ועוני וכיוצא בהם כינו אותם חכמים בלשון מיתה וכינו השכר והגמול הטוב בלשון חיים:

הלכה ד: אף על פי שתקיעת שופר בראש השנה גזירת הכתוב רמז יש בו כלומר עורו ישינים משנתכם ונרדמים הקיצו מתרדמתכם וחפשו במעשיכם וחזרו בתשובה וזכרו בוראכם....צריך כל אדם שיראה עצמו כל השנה כולה כאילו חציו זכאי וחציו חייב, וכן כל העולם חציו זכאי וחציו חייב, חטא חטא אחד הרי הכריע את עצמו ואת כל העולם כולו לכף חובה וגרם לו השחתה, עשה מצוה אחת הרי הכריע את עצמו ואת כל העולם כולו לכף זכות וגרם לו ולהם תשועה והצלה שנאמר וצדיק יסוד עולם זה שצדק הכריע את כל העולם לזכות והצילו, ומפני ענין זה נהגו כל בית ישראל להרבות בצדקה ובמעשים טובים ולעסוק במצות מראש השנה ועד יום הכפורים יתר מכל השנה, ונהגו כולם לקום בלילה בעשרה ימים אלו ולהתפלל בבתי כנסיות בדברי תחנונים ובכיבושין עד שיאור היום.

<u>רמב"ם הלכות תשובה פרק ח הלכה א</u>

הטובה הצפונה לצדיקים היא חיי העולם הבא והיא החיים שאין מות עמהן והטובה שאין עמה רעה, הוא שכתוב בתורה למען ייטב לך והארכת ימים, מפי השמועה למדו למען ייטב לך לעולם שכולו טוב והארכת ימים לעולם שכולו ארוך, וזהו הוא העולם הבא

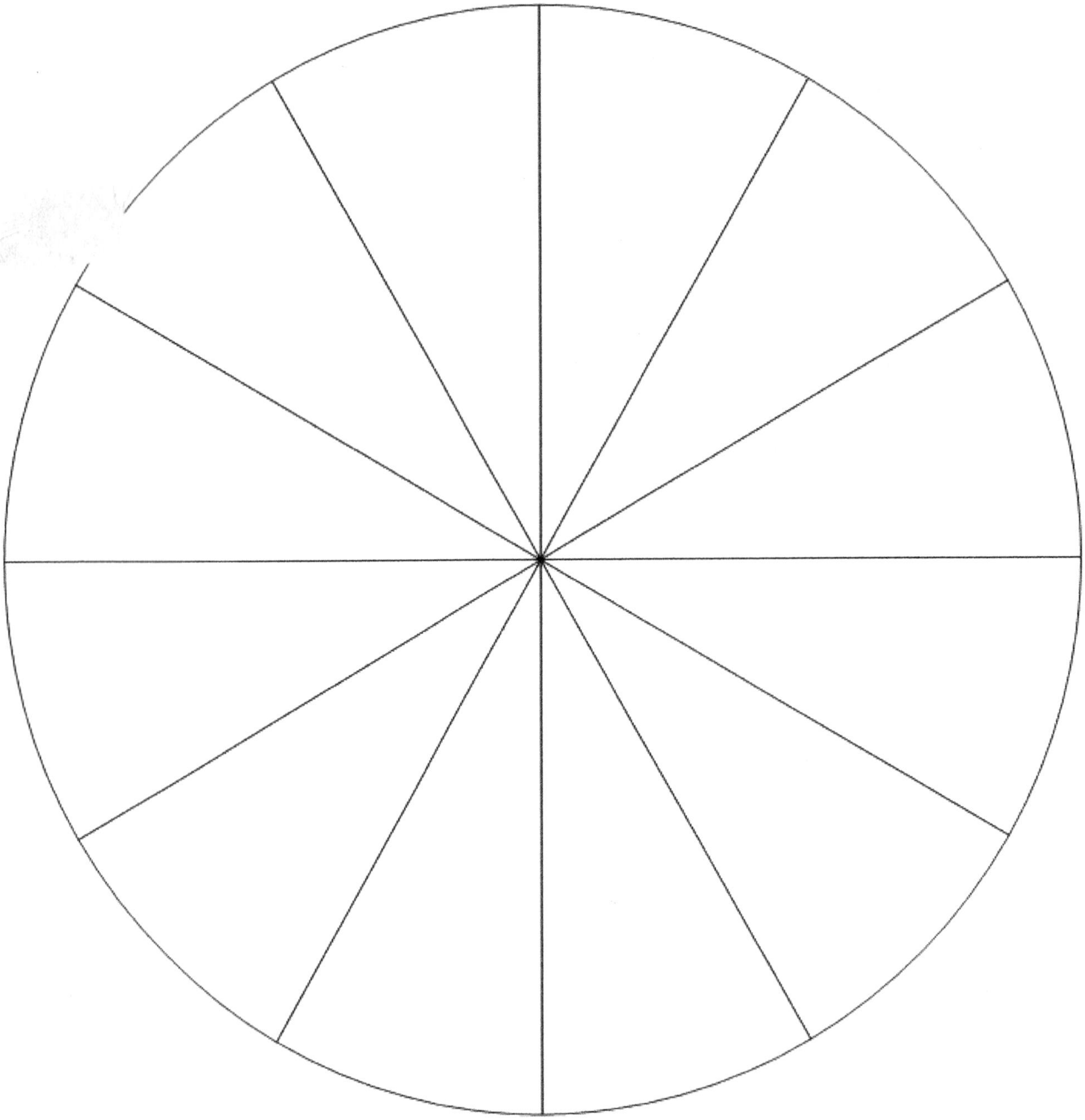